사랑하는 _____님께
저의 마음을 드립니다.

년    월    일

_____드림

눈 깜박이 시인 미즈노 겐조의 행복한 아픔

# 감사는 밥이다

## 일러두기

이 책에 수록한 작품들은 아슐람센터에서 출간한 《내 은혜가 네게 족하다》 (1975), 《네 몸을 주께 맡겨라》(1978), 《나의 나 된 것은 하나님의 은혜라》(1981), 《저 천국을 향하여》(1984)에서 정선하였다. 시 제목에 붙은 괄호 안의 숫자는 처음 출간되었을 때 사용한 그대로이다.

# 감사는 밥이다

눈 깜박이 시인
미즈노 겐조의 행복한 아픔

선한청지기

# 시작하기에 앞서

- 에노모토 메구미(아슐람센터 주임목사)


달란트는 묻어 놓으면 안 된다.

이번에 일본그리스도교단 출판국에서 미즈노 겐조 씨의 정선시집을 출간하게 된 것을 나는 진심으로 기뻐하며 감사드린다.

나는 아슐람센터에서 출판했던 네 권의 시집을 하나로 모은 일을 통하여, 보기 드문 시인이자 신앙의 증인인 미즈노 겐조의 주옥같은 시들을 보다 넓고, 보다 많은 분의 손에 전할 수 있게 된 것은 하나님의 영광을 나타내는 소중한 사역이라고 믿는다.

주께서 주신 소중한 달란트를 땅 깊숙이 묻어 두어서는 안 된다. 나가노 현의 사카키坂城라는 작은 마을에서 태어나, 어린 시절 장애를 갖게 된 겐조 씨는 인생의 대부분을 이 작디작은 세계에서 살아왔다. 그러나 그의 가족은, 그가 외치는 신앙의 소리를 깊이 듣고, 그것을 신문과 잡지에 계속 투고해 왔다. 그리고 드디어 그 작품들은 에노모토 야스로榎本保郎라는 목사의 눈에 띄어 그의 마음 속, 깊은 곳을 울렸다. 그는 시집 같은 것은 좀처럼 팔리지 않는다며 그만두라는 주변의 말에도 흔들리지 않고, 시집 출판을 향해 달려왔으며, 결국 일을 실현했다. 이렇게 달란트는 캐내진 것이다.

에노모토 야스로 목사는 겐조 씨의 시집을 내고 얼마 안 있어 소천했지만 하나님의 달란트는 땅속에 묻히지 않았다. 그 시를 읽은 많은 사람의 뜻이 모여, 겐조 씨의 시집은 계속 출판되었고, 그 시를 통해 많은 찬양이 만들어졌다. 달란트는 다시 한 번 캐내졌다.

그러나 어느덧 세월이 흘러, 이제는 겐조 씨를 직접 아는 사람들도 많이 줄었다. 그런데 오늘, 그 달란트는 또다시 캐내어졌다. 그리고 새롭게 단장한 이러한 모습으로 그 신앙의 말들이 되살아나게 되었다.

오늘 하루도 / 발소리로 시작된다 / 신문배달부 발소리 / 우유배
달부 발소리 / 우편배달부 발소리 / 오늘 하루도 / 성령을 / 부어주시
는 / 주님의 발소리

　나는 겐조 씨의 이 시가 제일 좋다. 나도 젊은 시절에 신문
을 배달했던 경험이 있기 때문일 것이다. 아침 일찍, 아직 아무
도 일어나지 않았을 때, 동네 안에는 신문배달부나 우유배달
부의 발소리가 울려 퍼지고 있다. 매일매일 묵묵히, 결코 얼굴
을 마주칠 일 없는 사람들의 현관 앞에 그들은 신문을, 우유
를 두고 간다. 춥고 안개 낀 아침에도, 여름의 탁한 공기가 남
은 아침에도. 그럼에도 그 발소리를 듣고 있는 사람이 있다는
것이다.
　하루를 살기 위해 그는 그 하루를 누군가에게 신세져야
한다. 일어서는 것도, 말하는 것도 못하고, 그저 오늘도 누군가
에게 신세를 지며 살아가는 겐조 씨가 귀를 기울여서 우리들의
발소리를 들어 주고 있는 것이다.
　하나님께 받은 달란트, 그것을 결코 묻지 않기 위해 시를
써 온 겐조 씨. 그 시를 어떻게든 많은 사람에게 전해 주고 싶

다고 기도하며 투고를 계속해 온 가족들의 사랑. 《신앙의 벗》 편집부의 기도…. 이 모두가 모여 하나로 된 것이 바로 이 시집이다. 그리고 이 시집을 통해, 다 품을 수 없을 정도의 슬픔과 괴로움 속에서 잠들지 못하는 밤을 보내고 있을 누군가에게, 겐조 씨는 "봐봐, 들려오잖아. 저 발소리가"라며 오늘도 격려해 주고 있다. 겐조 씨의 시에는 그런 보이지 않는 것을 보는 눈이, 들리지 않는 것을 듣는 귀가 있다.

부디 이 시집을 통하여 겐조 씨의 시가 다시 한 번 많은 사람의 손에 전해져, 그런 것들이 보이길, 또 들릴 수 있기를 기도한다. 주께 받은 달란트를 우리들이 땅속에 묻어서는 안 되기 때문이다.

이 글을 마치며, 고 아리사와 츠쿠토시有澤嬉年 일본그리스도교단 출판국장에게 진심으로 애도의 뜻을 표한다. 2012년 9월에 갑작스럽게 들은 목사님의 부고는 나에게 엄청난 충격이었다. 이번 출판에 관해서도, 나에게 달란트를 묻어 두어서는 안 된다고 알려 주신 것은 목사님이셨다. 그는 아버지 에노모토 야스로의 책과 미즈노 겐조의 책을 낼 수 있도록 일부러 내가 사는 동네 근처까지 찾아와 주셨다. 그러나 그런 낌새는 일절 느낄 수 없을 만큼 만면의 미소와 맡은 바 일에 순종하는 각오를 품은 시선으로, 앞으로의 계획에 대하여 열심을 다해 말씀해 주셨던 것을 나는 아직도 잊을 수 없다. 이번 출판은 아리사와 목사님의 "달란트를 묻어서는 안 된다"라는 정열과 신앙, 그리고 마지막까지 주를 따르는 모습 덕분에 만들어진 것이라고 믿는다.

진심으로 목사님께 감사드린다. 남아 있는 가족과 교회의 모든 분에게 위로와 격려가 있길 기도한다.

2013년 3월

차례

**2부**
네 몸을
주께 맡겨라

**3**부
나의 나 된 것은 하나님의 은혜라

하나님의 품 안에서 쉬는 기쁨
– 미우라 아야코 _217

**4부**
저 천국을
향하여

わが惠

汝

# 1

「라고 말해도, 귀초는 손도 발도 자유롭게 움직이지 못하고, 참여서 말도 못한다. 그저 자유롭게 할 수 있는 유일한 것은 보고 듣는 것뿐입니다. 시선에 있...다 하는 귀초 씨의 눈의 몸짓만을 물심적으로 잡아 수정에 뛰어들 작는 어두 사람의 모습을 상상하는 것만으로도 내 마음은 절로 뜨거워진다. 자녀와 ...이 될 것이나 엄청난 감이...절 달세 될 것이다. 그렇게 만든 작업임에도 귀초 씨가 시를 만들고, 노래나 하이쿠를 읊지 않을 수 없었던 이유는 무엇일까.

# 내 은혜가
# 네게 족하다

미즈노 겐조의 애장 도서

# 맑고 아름다워
# 비길 데 없는 시가집

— 미우라 아야코

지금 막 탄생한 미즈노 겐조 씨의 시가집을, 나는 도대체 어떤 말로 소개하면 좋을까. 세상에는 많은 책이 있다. 그러나 이 책은 다르다. 완전히, 전혀 다르다고 나는 말하고 싶다. 이렇게 써 내려가는 내 눈엔 눈물이 넘치고 있다.

뭐가 다른 걸까? 그건 9년 전, 겐조 씨의 어머니 우메지 씨가 《백만 인의 복음》에 쓰신 수기를 읽어 보면, 납득할 수 있을 것이다.

〈오늘 하루도〉
신문 냄새에 아침을 느껴 / 차가운 물맛에 여름을 느껴 / 풍경 소리에 선선한 해 질 녘을 느껴 / 개구리 소리에 졸음을 느껴 / 오늘 하루도 끝나지 않았어 / 하나하나에 / 하나님의 은혜와 사랑을 느껴

이것은 내 둘째, 겐조가 지은 시 중 하나입니다. 그 아이는 벌써 20년 전에 쓰러졌지만, 약 5년쯤 전부터 단가<sub>일본시</sub> 나 시를 만들고, 하나님과 함께하는 즐거움을 계속 노래했습니다. "시를 짓다"라고 말해도, 겐조는 손도 발도 자유롭게 움직이지 못하고, 심지어 말도 못합니다. 그저 자유롭게 할 수 있는 유일한 것은 보고 듣는 것뿐입니다. 사전에 있는 '아이우에오<sub>오십음도-영어의 ABC 파닉스, 한글의 자음모음</sub>' 표를 사용하여, 내가 한 자씩 가리키면, 겐조가 눈으로 신호를 보내 그렇게 한 자 한 자 쓰고 있습니다.

손도 발도 쓰지 못하고, 심지어 말도 못한 채 꼼짝없이 누워 있어야만 하는 겐조 씨의 눈의 움직임을 필사적으로 쫓아 수첩에 단어를 적는 이 두 사람의 모습을 상상하는 것만으로도, 내 마음은 절로 뜨거워진다. 자식과 어머니가 일심동체가 되어 지어낸 이 시가집은 세상의 많은 그 어떤 책과도 전혀 다른 것이라는 사실을 나는 말하고 싶은 것이다.

한 번이라도 좋다. 이렇게 시든 노래든 만들어 보면, 그것이 얼마나 엄청난 일인지 잘 알게 될 것이다. 그렇게 힘든 작업임에도 겐조 씨가 시를 만들고, 노래나 하이쿠<sub>일본 특유의 정형시-우리나라 시조 3434, 3543같이 글자 수가 정해져 있는 시</sub>를 읊지 않을 수 없었던 이유는 무엇일까? 미즈노 겐조 씨는 자신의 시로 답한다.

20

〈잊기 전에〉
　지금 들은 것 / 보인 것 / 마음에 느낀 것 / 잊기 전에 / 사라지기
전에 / 주의 아름다운 은혜를 / 찬양하는 시를 만들자


　겐조 씨는 시로 하나님을 찬양하고, 하나님의 사랑을 전하고
자 했다. 그것이 아무리 힘들고 괴로워도 시를 지었던 이유이다. 여기
에 수록된 한 편 한 편이 어떻게 우리 마음을 두드리는가.

　인생은 다양하다. 한 번도 아픈 적 없는 인생, 태어나서 한 번도
일어서 본 적 없는 인생, 하나님을 찬양하는 인생, 한번도 하나님의
이름을 불러본 적 없는 인생.

　하나님을 향한 신뢰와 어머니와 자식의 사랑을 통하여 태어난,
이렇게 맑고 아름다워 비길 데 없는 시가집이 일찍이 우리에게 있었
던가. 지금, 겐조 씨의 수족이 되어 주는 어머니의 병이 중하다. 나는
어떤 말로 이 서문을 마무리해야 할지, 할 말이 없다.

　　　　　　　　　　　　　　　　　　　　　1975년 초봄

# 머리말

이 시집의 저자인 미즈노 겐조 씨가 불치병에 걸려 모든 행동
의 자유를 빼앗긴 것은 1946년 여름, 초등학교 4학년 때의 일이다. 이
질에 의한 고열로, 결국 뇌가 공격당해 뇌성소아마비가 되었다. 손
과 발을 자유롭게 움직이지 못할 뿐 아니라 무언가를 말하지도 못
하고, 자신의 의사를 외부로 표현하는 수단은 오직 눈 깜박임밖에
없게 된 겐조 씨와 그를 돌보는 가족들의 비탄은 얼마나 클까. 전쟁
후 빈곤한 가운데, 다섯 명의 아이들을 품은 이 일가족의 고투를
살피지 않을 수 없다.

그러나 그 후 5년쯤 되었을 때, 사카키 마을에 전도하러 오신 미
야오 목사님을 통하여 이 가족에게 그리스도의 복음이 전해지고,
겐조 씨의 닫힌 세계에 한 줄기 빛이 비춰지게 되었다. 다행히 눈과
귀는 마비되지 않아서, 그때부터 겐조 씨는 기뻐하며 성경을 읽고,

또 라디오로 〈루터 아워〉나 〈세상의 빛〉 같은 방송을 들을 뿐 아니라, 성경 통신강좌까지 수강하며 공부를 할 수 있었다. 최대의 난관은 자신의 의지를 외부에 표현하는 것이었지만, 벽에 붙인 '아이우에오' 오십음도표 글자를 어머니가 차례대로 가리키면, 자신이 원하는 글자에서 신호를 보내 한 글자씩 모으고, 이것으로 하나의 문장을 엮어내는 방법을 고안하였다(지금은 구두로 하는 편이 훨씬 빠르기 때문에 표를 사용하지 않는다). 이렇게 겐조 씨는 통신강좌의 답안을 써낼 뿐 아니라 실제로 많은 시를 지을 수 있었다.

그 시들에는 몸의 불만을 원망하며 고통을 호소하는 말이 거의 보이지 않고, 주 예수 그리스도와 마주하기를 허락받은 육체를 기쁨으로 감사하며, 본인처럼 병으로 고통스러워하는 사람들을 위한 생각 깊은 말들로 가득 차 있다는 사실에 나는 깊이 감명 받았다. 순간적으로 행동의 자유와 말하는 것을 빼앗긴 이후, 28년이나 되는 시간 동안, 겐조 씨는 누워 있는 생활을 계속해 오고 있다. 이 세상의 시선으로 보면, 그것은 분명 감옥에 수감된 것 같은 생활이다. 그럼에도 그리스도의 생명을 부음 받았기 때문에, 겐조 씨의 존재 전체가 하늘로부터 내려온 빛을 발하기 시작했다. 뭐라고 표현할 수 없을 만큼 놀라운 것이다.

지금까지 겐조 씨를 지키고 붙잡아 준 최대의 공로자인 어머니의 헌신적인 사랑의 노고에 나는 진심으로 감사할 수밖에 없다. 그리고 그 어머니도 작년에 병으로 극심한 고통에 시달리며, 밤낮을 모르고 고통과 싸움하면서, 지금은 둘이 나란히 누워 있는 몸이 되었다. 이 가족 위에 몰아닥친 시련의 철퇴는 너무나도 아프다. 그러나 주는 반드시 전능함을 나타내서서 그 영광을 주실 것이다. 나는 그것을 굳게 믿으며, 이 가족을 위해 계속 기도할 것이다. 그리고 많은 사람의 마음에 하늘로부터 내려오는 향기가 전해질 것을 간절히 바란다.

1975년 1월 1일

# 희망을 갖고

1. 작은 유리창문에서
사랑으로 밝게 살자고
말하듯 지저귀는 나뭇가지의 작은 새가
부족해도
사랑으로 밝게 살자고

2. 작은 유리창문에서
진심으로 즐겁게 살자고
흘러가는 하얀 구름이
부족해도
진심으로 즐겁게 살자고

3. 작은 유리창문에서
희망으로 내일을 기다리자고
말을 걸었던 반짝이는 파란 별이
부족해도
희망으로 내일을 기다리자고

# 마음에 남아

흐드러지게 핀 들꽃과 지저귀는 작은 새
20년 전 거닐었던 야산
지금도 마음에 남아
고운 야산을 만드신 하나님을
찬양하는 시가 되고 노래가 된다

# 저녁노을이 사라지기 전에

가을바람을 맞으며
저녁노을이 사라지기 전에
그 약속처럼
왕 중의 왕으로
다시 오실
영광의 주를 생각했다
아, 주여 오시옵소서

# 나사렛 예수여

1. 나사렛 예수여
하나님의 사랑을
사람들의 사랑을
가득 넘치게 받아
작은 새가 지저귀고
꽃이 흐드러지게 핀
광야에서 놀며
자라소서

2. 나사렛 예수여
땀과 먼지투성이
괴로운 노동
참고 견디며 힘써서
어머니께 효를 다하고
어린 형제를
돌보며
자라소서

3. 나사렛 예수여
하루 빨리 자라나
고향을 떠나
병든 자를 치유하고
악령을 쫓아내고
복음을 전하며
귀한 사역
이루소서

# 가을비

깊고 깊은
하나님의 사랑을 잊지 말아라
변하지 않고 변하지 않는
하나님의 엄격함을 생각하라며
가을비가
물들고 있는 남쪽 하늘을
때때로 상냥하게 씻어내고
때때로 격하게 흔들어 내

# 구원의 아들의 탄생을

한번도 드높게
크리스마스를 기쁘게 찬양해 본 적이 없다
한번도 소리 내어
크리스마스 축하 인사를 한 적이 없다
한번도 카드에
메리 크리스마스라고 적어 본 적이 없다
그래도 그래도
눈과 바람이 때려대는 방에서
마음속으로 찬양한다
나 자신에게 인사한다
눈꺼풀 뒤쪽에 쓴다
구원의 아들의 탄생을
하나님께 감사하고 기쁘게 축하한다

# 주여 오시옵소서

1. 주여 오시옵소서 주여 오시옵소서
사과나무 흰 꽃 피어 바람에 떨어지는 아침
주의 모습이 잠잠하게 숲에 울리는 아침
생각지 못했던 때에 오셔도 좋도록
주를 맞이할 준비를 하소서

2. 주여 오시옵소서 주여 오시옵소서
말간 하늘에 단풍이 고운 아침
대나무 잎에 쌓인 눈이 빛나는 아침
생각지 못했던 때에 오셔도 좋도록
주를 만날 준비를 하소서

3. 주여 오시옵소서 주여 오시옵소서
그 가르침이 생각나는 아침
확실한 약속 거룩한 것을 기다리는 아침
생각지 못했던 때에 오셔도 좋도록
주가 기뻐하시는 자가 되게 하소서

# 어디서 누군가에게

어디서 누군가에게
하나님이 말씀하신다
양복에 붙은 도깨비바늘
손바닥의 작은 나무 열매
발밑의 마른 풀을 통하여
어디서 누군가에게
하나님이 말씀하신다
저녁노을 지는 하늘 아래서
힘도 지식도
그 무엇도 가지지 않은 사람을 통하여

# 잘 기억해 둬

바람이 불 때마다
팔락이며 떨어지는 나뭇잎의 소리
낙엽을 쓸어내는 소리
낙엽을 태우는 소리
깊이 생각하고 잘 기억해 둬
세상의 마지막을
주를 만날 것을

# 주를 모르는데

무엇이든지 알고 있다고
넘치는 기쁨이 있다고
커다란 소원이 있다고 말해도
주를 모르는데
무엇을 알고 있는 걸까
주를 믿지 않는데
무슨 기쁨이 있는 걸까
주께로부터 아니면
어디로부터 소망이 오는 걸까

# 하늘에서 빛나는 별이여

1. 하늘에서 빛나는 별이여 찬양하여라
우리 죄를 위하여 우리 구원을 위하여
사람이 되신 독생자 예수가
죽기까지 슬픈 기도를 드리셨다

2. 나뭇가지에서 우는 작은 새여 찬양하여라
우리 죄를 위하여 우리 구원을 위하여
사람이 되신 독생자 예수가
십자가를 지고 넘어져 쓰러지셨다

3. 들판의 향긋한 꽃이여 찬양하여라
우리 죄를 위하여 우리 구원을 위하여
사람이 되신 독생자 예수가
비참하게 못 박혀 피 흘리셨다

# 감추어져 있다

풀도 꽃도 없는 겨울 마당에
하나님의 은혜란 없는 걸까
북풍이 불고 눈이 내린 겨울 마당에
하나님의 은혜란 없는 걸까
감추어져 있다 감추어져 있다
눈 아래 땅속에
하나님의 풍성한 은혜가

# 성경강습회

창가엔 눈이 춤추고
난로가 따뜻하게 덥혀 놓은 방에서
성경강습회 〈출애굽기〉 녹음테이프를
집회에 갈 수 없는 나 혼자서
여름 산천을 떠올리고 들으며
주를 향한 경외와 순종을 배운다

# 뭐가 그렇게

1. 뭐가 그렇게 그렇게 기쁘니
살랑 바람이 달콤한 향기를 품고 와서니
아니요 아니에요
하나님이 사랑해 주셔서요

2. 뭐가 그렇게 그렇게 기쁘니
샘물 옆에 은방울꽃이 피어서니
아니요 아니에요
하나님이 사랑해 주셔서요

3. 뭐가 그렇게 그렇게 기쁘니
즐거웠던 지난날들을 추억해서니
아니요 아니에요
하나님이 사랑해 주셔서요

# 만약 주의 사랑을

1. 빛을 아무리 구하여도 볼 수 없던 때
만약 주의 사랑을 몰랐더라면
기다리지 못했을 거예요
아, 주의 사랑
할렐루야 할렐루야

2. 시련이 덮쳐 올 때
만약 주의 사랑을 몰랐더라면
이기지 못했을 거예요
아, 주의 사랑
할렐루야 할렐루야

3. 자비를 잃었을 때
만약 주의 사랑을 몰랐더라면
굳게 서 있지 못했을 거예요
아, 주의 사랑
할렐루야 할렐루야

# 아침에 기도하기 전에

1. 아침에 기도하기 전에 밤에 잠들기 전에
하나님은 사랑이시라 하나님은 사랑이시라고
마음속으로 크게 외쳐야지

2. 눈물을 머금은 자에게 머리를 숙인 자에게
하나님은 사랑이시라 하나님은 사랑이시라고
바람을 담아 말을 걸어야지

3. 괴로운 밤에 슬픈 때에
하나님은 사랑이시라 하나님은 사랑이시라고
눈을 감고 돌이켜 생각해야지

4. 은혜로 모인다면
하나님은 사랑이시라 하나님은 사랑이시라고
소리 맞춰 찬양해야지

# 올해에도 매일 아침

올해에도 매일 아침
어머니의 성경을
한 페이지 한 페이지 넘겨
하나님 아버지의
새 힘
새 희망
새 기쁨을 받자

# 어린 조카딸에게는

사락사락
첫눈이 춤추듯 내려와
지붕에 정원에 춤추듯 내려와
어린 조카딸에게는
태어나서 처음인 눈
이 아이의 긴 인생엔
눈보라 치는 아침도 맑은 날도 있겠지
주의 은혜와 보호하심이 있길

# 주의 자비하심이

1. 주의 자비하심이 주의 자비하심이
깊이 깊이 생각나
주의 위로하심이 주의 위로하심이
강하게 강하게 느껴져
슬픔이 슬픔이 마음이 넘칠 때

2. 주의 힘이 주의 힘이
깊이 깊이 생각나
주의 구하심이 주의 구하심이
강하게 강하게 느껴져
괴로움이 괴로움이 마음에 쌓일 때

3. 주의 말씀이 주의 말씀이
깊이 깊이 생각나
주의 은혜가 주의 은혜가
강하게 강하게 느껴져
외로움이 외로움이 마음에 찰 때

# 찬양하고 이야기하고 싶어

떠오르는 소나기구름
솟아오르는 샘물의 고독
마음에 넘쳐나는 말들로
울려 퍼지는 천둥
격하게 쏟아지는 폭포의 고독
있는 힘껏 큰 소리로
진실하신 하나님의 사랑과 자비를
찬양하고 이야기하고 싶어

# 한자漢字

주 예수 그리스도를 믿기 위해
복음을 보다 깊이 알기 위해
구원을 확신하기 위해
읽지 못하는 한자가 많은 책을 읽으려고
신문잡지를 읽으며
외운 저 한자 이 한자

# 가을

사과가 익어 가는 가을에 몸이 불편해졌고
코스모스가 필 즈음
처음으로 예수님 이야기를 들었고
성경을 읽었으며
귀뚜라미가 우는 밤
구원의 기쁨으로 잠을 이루지 못했다

# 오늘 하루도

신문 냄새에 아침을 느껴
차가운 물맛에 여름을 느껴
풍경 소리에 선선한 해 질 녘을 느껴
개구리 소리에 졸음을 느껴
오늘 하루도 끝나지 않았어
하나 하나에
하나님의 은혜와 사랑을 느껴

# 언제 어떤 하늘에서

1. 언제 어떤 하늘에서 오실 것인가
산들바람을 고대하는 종다리가 날아올라간 하늘일까
아니면 해바라기가 태양을 올려다보는 하늘일까
다시 오실 그대 나의 주여 다시 오소서
많고 많은 악의
뿌리를 뽑으러 오소서

2. 언제 어떤 하늘에서 오실 것인가
귀뚜라미가 울어대고 초저녁달이 떠오르는 하늘일까
아니면 눈보라가 지나간 별이 빛나는 밤하늘일까
다시 오실 그대 나의 주여 다시 오소서
많고 많은 나라들을
다스리러 오소서

# 그렇게도

1. 주 예수께서 그렇게도
주 예수께서 그렇게도
우리들의 죄 때문에
눈물을 흘리며 슬퍼했는데
죄를 슬퍼하지 않아도 되는 걸까
죄를 슬퍼하지 않아도 되는 걸까

2. 주 예수께서 그렇게도
주 예수께서 그렇게도
우리를 사랑하여
보혈을 흘리며 괴로워했는데
회개하지 않아도 되는 걸까
회개하지 않아도 되는 걸까

3. 주 예수께서 그렇게도
주 예수께서 그렇게도
우리를 구원하기 위해
어제도 오늘도 부르고 있는데

그 곁으로 가지 않아도 되는 걸까
그 곁으로 가지 않아도 되는 걸까

# 발을 멈추고

1. 발을 멈추고 들어봐 발을 멈추고 들어봐
점점 밝아지는 아직 채 밝지도 않은
먼 하늘에서 울려오는 작은 새의 소리를
아버지 되시는 하나님의 세밀한 소리를

2. 발을 멈추고 봐 발을 멈추고 봐
자라는 풀 속에 숨어서
조심스럽게 핀 귀여운 꽃을
아버지 되시는 하나님의 놀라우신 능력을

3. 발을 멈추고 생각해 봐 발을 멈추고 생각해 봐
하늘에서 우는 작은 새 들에 핀 꽃이
어떻게 길러지고 어떻게 예뻐지는지를
아버지 되시는 하나님의 이끄시는 사랑을

# 십자가의 사랑

1. 주 예수 걸으신 길
이전에도 지금도 누구도 걸은 적 없는
주 예수 걸으신 길은
나를 진리의 길로 이끄시기 위해
걸으셨던 십자가의 길

2. 주 예수 하신 말씀들
이전에도 지금도 누구도 말한 적 없는
주 예수 하신 말씀들은
나를 죄에서 구원하시기 위해
전해 주신 십자가의 말씀

3. 주 예수 보이신 사랑
이전에도 지금도 누구도 보인 적 없는
주 예수 보이신 사랑은
내 마음에 사랑을 채우시기 위해
보이신 십자가의 사랑

# 한순간의 아름다움

눈을 떼지 않고
지그시 바라보고 있다
곧 사라질 한순간의 아름다움을
석양에 반짝반짝 빛나는
처마 끝에 달린 고드름이
사라지는 한순간의 아름다움
하나님의 놀라우신 능력
곧 사라지는 한순간의 아름다움

# 겐조가 한 친구에게

글자를 외워 주세요 하나님이 도와주십니다
방법과 능력을 내려주십니다
술 담배를 그만두세요
주 예수님이 이기게 해 주십니다
매일 라디오를 들어 주세요
아침 신에츠 라디오 지방방송 5시 50분 〈빛과 함께〉
그 이후 6시 25분까지 기독교 시간이
있으니까 들어 주세요
성경 통신강좌를 수강하세요
마음만 먹으면 외울 수 있어요
거기에 텔레비전 뉴스를 들어 주세요
신문을 보고 글을 기억해 주세요
잘 몰라도 실망하지 마세요

# 세례

빨간 장미에 빗방울이
빛나는 파란 하늘에 제비가 벌레를 잡고
푸른 잎사귀에 초여름 바람이 분다
여느 때 해 질 녘과 다르지 않은
오늘 밤 어머니가 세례를 받으신다

# 포도

어머니가 한 알 한 알
입에 넣어 주신
포도 알의
좋은 향과 달콤함에
포도나무되신 예수님께
열린 우리들이라면
하나님이 기뻐하시는
좋은 열매 맺어야겠다고 생각했다

# 그리스도의 사랑으로

가랑눈이 쏟아져 내리는 어두운 밤길을
신문지로 덮어 들고 온 꽃다발이
석유난로로 따뜻해지자
봄의 좋은 향기를 낸다
냉랭한 사람의 마음도
그리스도의 사랑에 따뜻해져
사랑의 향기를 낸다

# 슬픔이여

슬픔이여 슬픔이여
정말 고맙구나
너가 오지 않았다면
강해지지 않았다면
나는 지금 어떻게 됐을까
슬픔이여 슬픔이여
너가 나를
이 세상에는 둘도 없는
커다란 기쁨과
변하지 않는 평안이 있는
예수 그리스도의 곁으로
데려다 주었기 때문이야

## 어머니와 함께

나 혼자 고민하는 것 아닌 어머니와 함께
나 혼자 듣는 것 아닌 어머니와 함께
나 혼자 믿는 것 아닌 어머니와 함께
나 혼자 기도하는 것 아닌 어머니와 함께
나 혼자 기뻐하는 것 아닌 어머니와 함께
나 혼자 기다리는 것 아닌 어머니와 함께

# 그런 둘이 되길
### – 토모코 씨에게 보냄


슬플 때나 기쁠 때나
노래를 계속 부르자
나뭇가지에 있는 작은 새처럼
그런 둘이 되길
언제든지 누구에게든지
사랑 받고 존경 받는
귀여운 들꽃
그런 둘이 되길
가정에서도 직장에서도
하나님의 기쁨이 되는
겸손한 마음
그런 두 사람이 되길

# 혼자인 나를

많은 별 중에 하나인 지구
많은 나라 중에 하나인 일본
많은 마을 중에 하나인 이 마을
많은 사람 중에서 혼자인 나를
하나님이 사랑하시고 구하셨다
슬픔에서 기쁨으로 옮기셨다

# 내 가까이

1. 작은 새가 나뭇가지에서 지저귀는 아침
꽃이 장맛비에 젖어 핀 아침
내 가까이 가까이 계셔 주시는
주 예수님이 가까이 계신다

2. 말씀을 묵상하고 생각할 때
마음을 맡기고 구할 때
내 가까이 가까이 계셔 주시는
주 예수님이 가까이 계신다

3. 마음이 어지럽고 잠들지 못하는 밤
새벽까지 고민하고 괴로워하는 밤
내 가까이 가까이 계셔 주시는
주 예수님이 가까이 계신다

# 그날 그때에

그날 그때에
문 밖에 서 계신
주 예수님의
목소리를 듣지 못했다면
문을 열지 않았다면
맞이하지 않았다면
나는 지금 어떻게 되었을지
슬픔 속에서
구원의 기쁨을
모르고 있겠지

# 그리스도의 날에

천국으로 불려 가신 스즈키 마사히사 목사님이
자신의 암을 알고 난 뒤
죽음을 기다리지 않고
그리스도의 날을 향하여 산다고 말씀하셨듯이
죽음의 두려움과 불안을 넘어서
그리스도의 날을 향해
우리도 살자

# 애들아*

한 손에 성경을 들고 하교중인 여고생들
처음부터 끝까지 몇 번씩 몇 번씩 열심히 읽기를
재미없다고 어렵다고
도중에 읽다 멈추는 것은
본능 깊이 잘 넣어 잊어버리길
그저 호기심을 채우기 위해서가 아니라
간단한 지식을 얻기 위해서가 아니라
자기 마음대로 해석하기 위해서가 아니라
바르게 인도해 주시는 분을 구하며
희망과 기쁨 되시는 주 예수를 믿으며
하나님과 인간을 사랑하는 사람이 되어라


* 女子高校生아, 직역하면 여고생들아

# 이상해요

이상해요 이상해요
여태 살아있다는 것이
슬픔이나 고통을 견뎌 온 것이
주의 신앙을 지켜온 것이
하늘에 계신 아버지께
감사드릴 수밖에요

# 은혜가 깊으신 주 예수는

1. 누구도 말을 걸어 주지 않는
고독하고 외로운 마음에도
은혜가 깊으신 예수님은
상냥하게 말을 걸어 주셔

2. 누구에게도 말할 수 없는
알아주지 않는 괴로움도
은혜가 깊으신 주 예수님은
모든 것을 이해해 주셔

3. 누군가가 약속한 것을
나도 모르게 잊어버릴 때에도
은혜가 깊으신 주 예수님은
약속을 지켜 주셔

# 사람들 중에
– 아픈 친구에게

주 예수님이
사랑의 눈길로
바라보시고
가까이 오셔서
말을 걸어 주시고
그 손을 내밀어 주신
사람들 중에
나도 있소

# 상처 입은 소년이

격하고 격한 전쟁에
집이 타 버리고
부모를 잃고
형과 누나를 잃어버린
상처 입은 소년이
초라한 침대에서
로켓탄을 두려워하며
무엇을 기도해야 할까
하늘에 계신 아버지
올해야말로 올해야말로
싸움의 끝을
올해야말로 올해야말로
베트남에 평화를

# 나 같은 자가

주 예수님의
모습이 보이지 않아
목소리도 들리지 않아
그래도
나 같은 자가
기쁨이 넘치고
희망에 겨워
살아 있어

# 그저 감사할 뿐

나는
가족
사람
주를 위해
아무것도 할 수 없어
주님
사람
가족의 풍성한 사랑에
그저 감사할 뿐
그저 감사할 뿐

# 나타났다

무심코
말한
한 마디에
그 사람의
생활
직업
우정
주를 향한 진실함이
성실함이
나타났다

# 어머니날*에

내가 천국으로 불려갈 때까지
어머니, 아프지 않으셨으면
건강하셨으면
그렇지 않으면 난
성경도 공부하지 못하고
편지도 부치지 못하고
시를 짓지도 못하고
살 수 없어요

* 일본은 어버이날이 아닌 아버지날(6월 셋째 일요일)과 어머니날(5월 둘째 일
요일)이 따로 있다.

# 소리

어머니가 열어 주신 창문으로 들려오는
알을 낳는 닭의 소리
먹이를 달라고 우는 돼지의 소리
목줄을 흔드는 개의 소리
아빠 새를 부르는 아기 새의 소리
어머니가 넘겨주시는 잡지와 함께
병의 괴로움을 한탄하는 소리
죽음의 불안과 공포를 호소하는 소리
무엇을 위해 사는가를 묻는 소리
하나님의 사랑을 믿지 못하겠다 말하는 소리
주여 말씀하소서
구원으로 이끄시고
사랑으로 가득 찬 소리를

# 내가 있다

나사렛 예수를
십자가에 못 박으라고
외쳤던 사람
허락했던 사람
집행했던 사람
그 사람들 속에
내가 있다

# 쑥

마른 풀 속에서 푸름을 엿보았다
보드랍고 보드라운 쑥
바구니를 품은 사람이 오기를
캐러 오기를 기다리고 있다
하나님의 은혜인 봄의 색채
봄의 향기
봄의 맛

# 하루 종일 생각난다

아침 텔레비전에서
집을 나간 딸에게 말을 거는
어머니의 우는 얼굴
하루 종일 생각난다
하나님의 사랑과 인간의 죄를

# 확실히 보이기 시작했다

자신의 힘으로는 움직일 수 없다고 살 수 없다고
깨달은 순간
나를 굳게 붙잡고 계시는
그리스도의 사랑의 팔이
확실히 보이기 시작했다

# 시집가는 동생에게

주 예수께서 주신
썩지 않는 참된 행복을 구할 수 있기를
갑작스런 거센 폭풍을 만난다 하더라도
그것을 참고 견디며 나아가는
용기를 가질 수 있길
뜨거운 염원을 담아
성경과 찬송가를
시집가는 동생에게

# 민들레꽃

둑길 가에
핀 민들레꽃은
호화로운 아름다움은 없지만
이 세상에서 많은
길을 걷는 사람들의 마음에
하나님의 은혜가 되고
구원과 기쁨을 가져오는
주 예수의 부활을
알려 준다

# 마음은 이상한 곳

마음은 이상한 곳
믿을 수밖에 없는 것을 의심하고
사랑할 수밖에 없는 것을 미워하고
바랄 수밖에 없는 것을 낙담하고
기뻐할 수밖에 없는 것을 슬퍼하는
마음은 이상한 곳
일단 주의 손에 닿기만 하면
보지 않고도 듣지 않고도
만지지 않고도
믿고 사랑하고 바라고
기뻐할 수 있다

# 과소過疎*

마지막 남은 한 집이 이사하기 전까지
최후의 한 사람이 떠나기 전까지
그리스도가 함께 계시고 함께 고민하시고
함께 괴로워해 주신다

* 위험한 곳에서 다른 곳으로 옮겨가는 것

# 추억

아침에 핀
나팔꽃 덩굴을

한 마디 한 마디 떠올리며
말하듯이
가을바람이 덩굴을 흔들어 온다

조용했던 내 마음도
아스라이 흔들린다

# 책갈피

한 땀 한 땀
기도하는 마음으로 엮어 낸 책갈피
보라색은 어머니께
녹색은 내가
매일 밤 어머니와 읽는 성경에
꽂아 두어야지

# 감사함

말을 못하는
나는
감사합니다 라고 말하는 것
대신에
미소를 짓는다
아침부터
몇 번씩
미소를 짓는나
괴로울 때에도
슬플 때에도
진심으로
미소를 짓는다

# 바리캉*


삼 형제의 머리칼을
한 달에 한 번씩 잘라왔던
바리캉

이제는 앉는 것조차 할 수 없는
내 머리칼만
어머니가 잘라주신다

* 머리 깎는 기계

# 아무도 진심으로 말을 걸지 않아

1. 누구도 진심으로 말을 걸지 않는
길에 앉아 구걸하는 맹인에게
진실한 사랑의 말로
말을 거셨던 주 예수여
내 마음도 열어 주소서

2. 누구도 진심으로 말을 걸지 않는
뽕나무 위로 오른 삭개오에게
진실한 사랑의 말로
말을 거셨던 주 예수여
내 마음에도 거하소서

3. 누구도 진심으로 말을 걸지 않는
물 길러 온 사마리아 여인에게
진실한 사랑의 말로
말을 거셨던 주 예수여
내 마음도 적셔 주소서

# 주여 어찌하여

1. 주여 어찌하여 그런 일을 하셨습니까
나는 그것을 잘 모르겠습니다
마음속에는 슬픔이 가득 넘칩니다
주여 부디 이것을 알게 하소서

2. 주여 어찌하여 그런 말씀을 하셨습니까
나는 이 말씀을 받아들일 수 없습니다
마음속에는 고민이 가득 넘칩니다
주여 부디 이 말씀을 받아들이게 하소서

3. 주여 어찌하여 이런 길을 열어 주셨습니까
나는 이 길을 갈 수 없습니다
마음속에는 두려움이 가득 넘칩니다
주여 부디 이 길을 가게 하소서

# 고요한 아침에

1. 고요한 아침에 이 하루의
은혜를 위해 기도하면
내 마음에 넘쳐흐르는
주 예수의 그 어떤 평안함

2. 고요한 아침에 영의 양식인
은혜를 공부하면
내 마음에 넘쳐흐르는
주 예수의 그 어떤 희망

3. 고요한 아침에 새날을
주시는 하나님을 찬양하면
내 마음에 넘쳐흐르는
주 예수의 그 어떤 기쁨

# 가을

내 방에
가을이 없나 하고
둘러보니
방구석에
어머니가 꿰맨
내 옷과
어머니의 안경

# 풀피리

연꽃이 핀 강가에 걸터앉아
소년 시절처럼 풀피리를
실컷 불어 보고 싶다
하나님의 크신 사랑에
에워싸여 있는 것을
느끼면서

# 별이여 빛을 내어라

1. 유대의 어느 작은 마을에
괴로워하며 고통스러워하는 사람들을 구하기 위해
하나님의 독생자가 태어난 것을
알리어라 알리어라 별이여 빛을 내어라

2. 너의 왕을 경배하기 위해
어두운 밤길도 기쁘게 씩씩하게
멀리 이끌어 갈 수 있도록
나아가라 나아가라 별이여 빛을 내어라

3. 구원의 아들의 울음소리가 울린다
새하얀 포대기에 싸여
조용히 잠든 마구간 위에
멈추어라 멈추어라 별이여 빛을 내어라

# 무수無数

무수한 별빛
무수한 벌레 소리
이 조용하고 깊은 가을 밤
그리스도가 두드리시는
무수한 마음의 문

# 손님

불기 시작한 바람이 잦아든 아침
마당 한 쪽에 있는 나뭇잎 융단
손님은 누구 –

나를 위해 낮아지신
주 예수님
감을 깎아 드릴까요
호두를 깨서 드릴까요

# 조용한 밤

눈이 계속 내린다
아무도 오지 않는 조용한 밤
그리스도와의 거리가 점점 좁혀져 가고
마음에 넘쳐나던 슬픔이 엷어져 간다

# 주님 곁

어느 사이엔가 생겨 버린 간격을
지금 당장 없애 주소서
자비가 넘치는 주님 곁으로
가깝게 더욱 가깝게 하소서
내 마음에 있는 슬픔과 괴롬을 아시고
돌보소서
지금 한 번 약속을 들어주시고
내일의 불안을 걷어 주소서
받쳐 주시는 그 손의 따스함
끝까지 기억하게 하소서

# 내일이 아닌 바로 지금

1. 죄에서 구원해 주시려고
주께서 당신이 있는 곳으로 오셨는데
어찌하여 마음을 굳게 닫고 있는가
주를 맞이하라 내일이 아닌 바로 지금

2. 영원한 생명을 주시려고
주께서 당신이 있는 곳으로 오셨는데
어찌하여 헛된 것을 구하고 있는가
주를 바라보아라 내일이 아닌 바로 지금

3. 진정한 평안을 주시려고
주께서 당신이 있는 곳으로 오셨는데
어찌하여 이렇게 무서워 떠는가
주를 믿으라 내일이 아닌 바로 지금

# 말하고 싶다

슬프고 괴로운 사람 병으로 힘든 사람
길을 헤매는 사람 헛된 것을 구하는 사람
가까이 있는 사람 멀리 있는 사람에게
말하고 싶다 가서 말하고 싶다
위로하는 말 격려하는 말
바른 길 무엇이 소중한지를
아니 그것보다 그것보다
가까이 있는 사람 멀리 있는 사람에게
말하고 싶다 가서 말하고 싶다
하나님의 좋은 소식을
구세주 되시는 예수님을

# 힘들지 않았다면

만약 내가 힘들지 않았다면
하나님의 사랑을 몰랐을 테지
만약 많은 형제자매가 힘들지 않았다면
하나님의 사랑을 전하지 못했겠지
만약 주 되신 예수님이 고난 받지 않으셨다면
하나님의 사랑을 나타낼 수 없으셨겠지

# 그리스도를 만나고 나서

1. 문을 꼭 잠가 두었는데
방으로 들어오셨다
그리스도를 만나고 나서
그리스도를 만나고 나서

2. 그 양손과 옆구리의
상처 자국이 애처롭다
그리스도를 만나고 나서
내 마음이 바뀌었다

3. 믿지 않는 자가 되지 않고
믿으세요 라고 말했다
그리스도를 만나고 나서
내 마음이 바뀌었다
만나고 나서부터 –

# 그리스도의 사랑으로부터

1. 밤마다 격하게 괴롭히는 고민도 아픔도
그리스도의 사랑으로부터
그리스도의 사랑으로부터
나를 떼어 놓을 수 없어

2. 육신의 눈과 귀를 끄는 보석도 칭찬도
그리스도의 사랑으로부터
그리스도의 사랑으로부터
나를 떼어 놓을 수 없어

3. 마음을 어지럽히는 시끄러운 두려움도 불안도
그리스도의 사랑으로부터
그리스도의 사랑으로부터
나를 떼어 놓을 수 없어

4. 목숨조차 빼앗으려는 위협도 힘도
그리스도의 사랑으로부터
그리스도의 사랑으로부터
나를 떼어 놓을 수 없어

# 그리스도를 사모하는 자여

1. 그리스도를 사모하는 자여
걸어 나가라 걸어 나가라
그리스도가 십자가를 지고 가셨던 이 길을

2. 그리스도를 사모하는 자여
나아가라 나아가라
그리스도가 땀과 피를 흘리셨던 이 길을

3. 그리스도를 사모하는 자여
밟아가라 밟아가라
그리스도가 쓰러지면서 가셨던 이 길을

4. 그리스도를 사모하는 자여
더듬어 가라 더듬어 가라
그리스도가 수치를 당하셨던 이 길을

# 단가

1962

여전히 어둡고 병들어 누워 있는 방이지만 들려오는 종다리의
울음소리에 하나님의 사랑을 느낀다
복음잡지가 오길 손꼽아 기다리며 맘껏 앓고 있는 나는
수면 위로 떠오른 금붕어가 어둑하게 보인다
하지가 다 지난 미명의 빛
남아 있는 길에 하나님의 영광이 드러나길 바라며 걷는다
결핵으로 입원한 날 아침 바람이 부는 툇마루에서
아버지가 손톱을 자른다
단 한 번이라도 보고 싶었던 너를 떠올리게 하는
해 질 녘 구름이 아픈 나를 본다
서늘한 바람이 나뭇잎 향을 싣고 와 단가를 짓는 하루가 되고
돌아오지 않는 동생을 기다리며 전등에 부딪히는
풍뎅이 소리에 잠든다


1962

세례 받은 기쁨을 적은 크리스마스카드를

눈 덮인 어느 아침에 만들었다
교회에 가본 적 없는 나를 위해 눈 내린 정원에서 크리스마스캐럴을
등을 구부린 채 눈 내린 길을 혼자 걷는 어느 누군가를 위해
예수가 탄생하셨다
돌아가신 아버지를 생각나게 하는 초겨울 찬 바람 소리를
계속 들으며 먹었던 귤의 달콤함
눈을 감고 손을 모은 어머니 흉내를 내던 어린 조카딸이
기도를 한다
그리스도로 인한 이 기쁨을 전하지 않는 이 몸의 슬픔을
어디선가 목수의 소리가 들려오는 조용히 눈 내리는 늦은 밤


1970
설국雪國으로 부임한 장애인 목사를 위해 어머니와 함께 기도했다
봄 햇살을 잔뜩 머금고 돌아가신 아버지의 세례 사진을
어머니와 함께 본다
지붕으로 눈이 내리는 소리가 들리는 밤에 나는 〈사무엘서〉를
테이프로 배운다
오랜만에 맑게 개인 창가에는
그리스도를 사모하는 것만 같은 튤립이
봄의 눈, 맑은 별이 뜬 하늘을 올려다보며
기도회에서 돌아오는 어머니

아직도 어머니는 조용히 잠든 봄의 아침, 마루에 누워서
말씀을 묵상하신다
돌아가신 아버지가 밭에서 돌아오실 때 들창포를 꺾어 오셨던
매년 이즈음
장애인의 몸으로 자립하여 수기를 읽는 내 마음은 그리움만 잔뜩


1971
입춘의 약한 햇살이 내리는 창가 화분의 작은 꽃
주의 길 그 길만을 사는 사형수의 단가를 읽고
어머니는 눈물을 짓는다
작년 부활절에는 알지 못했던 당신의 소식을 어머니와 함께 읽고
높이 날아가는 종달새가 울기 시작하는 이른 아침에
테이프로 주의 수난을 배운다
그리스도를 버린 제자들을 묵상하며 비에 젖은 살구꽃을 본다
돌아가신 아버지가 묘목을 심은 하얀 모란이
매년 그 봉오리를 피우고
그리스도와 멀어져 가는 사람들을 슬퍼하며
비 오는 하늘에서 우는 종달새를 찾는다
신문 속 어두운 기사에서 눈을 떼어
오늘 아침 막 핀 선인장의 꽃을 본다
네 살 조카딸의 바랜 오른손에는 연꽃으로 만든 팔찌가

돌아가는 선풍기 바람에 성경을 붙잡고 있는 선교사는
다음 이야기를 전해 주신다
새하얀 이불시트에서 잠들어 있는 여름 벌레를 보고
주의 손 안에 있는 나를 묵상해 본다
여름방학 라디오 체조 모임*에 허리와 다리가 안 좋은 어머니가
조카딸을 데리고 간다
하나님의 사랑을 모르고 병고로 베개를 적셨던 밤도 있었지만
두 아이의 아버지인 형이 귀성할 때마다 나는 진심으로 아찔해진다
교회에 가지 못하는 나를 위해
카세트테이프 리코더를 어머니에게 사 주셨다
4년 전 아버지가 소천하셨는데 장애인인 나는 아직도 살아 있다
그리스도를 구하며 심장과 위암으로 돌아가신
아버지의 일기를 그리워한다
모든 것을 주께 맡겨라 계속 말씀하셨던 어느 겨울 저녁


* 아침마다 공터에서 라디오 방송을 틀어 놓고 함께 운동하는 일본의 문화


## 1972
올해에도 많은 사람이 기도해 주셔서 장애인인 내가 살아 있다
성경에 꽂아 둔 편지에는 레이스로 엮어 낸 책갈피가 함께 들어 있다
나가노 길거리에 벚꽃이 필 즈음, 강연하러 온 목사님의 도착 소식에
기다리던 크로커스가 기도하는 듯 봉오리를 맺고 있다

그리스도께 위로를 받으며 견디어 왔던
병력에 관한 서류철이 편지로 도착했다
가랑눈이 멈춘 하늘에는 아직도 견고한 꽃눈을 틔운 살구꽃 가지
장애인인 나의 이마에 몇 번이고 자폐증 아이가 입맞춤을 한다
내 얼굴을 닦아 주는 어머니의 손에는
아직도 산나물의 향기가 남아 있다
장애인인 아들을 죽인 부친의 뉴스를 어머니와 숨을 삼키며 듣는다
장애인인 나를 위해 어머니가 눈물지으며
자궁암일 수도 있다는 소리를 의사에게 듣고
병원 침대가 비길 기다리던 어머니는
어느 때보다도 빨리 모종을 심는다


1973
성경 강의를 하시는 목사님의 목소리를
테이프로 들으며 계속 생각해 본다
장애인인 나만 집에 있는 오후,
소란스러운 전화벨 소리가 계속 울린다
어머니가 몸을 씻겨 주실 때
더러워진 발을 씻겨 주셨던 주를 떠올려 본다
장마가 그친 하늘 높이 소리개가 날아가고
그 앞에는 눈부시게 흐르는 치쿠마 강이

장애인인 나는 만나는 사람이 적어 한번 만난 사람도 잊지 않는데
오랜만에 만난 사촌 형이 아무 말 없이
나를 그저 슬프게 쳐다보고만 있다
방주를 만든 노아가 받은 비난들을 가을 빗소리를 들으며 생각한다
코스모스가 좋다고 죽기 전에 누이에게 말씀하셨던
아버지가 생각난다
한국으로 가신 목사님을 위해 기도하니
감나무에 온 까치가 높이 운다
작년 성탄절 밤에 어머니를 치유하기 위해
그저 기도밖에 할 수 없었던 장애인인 나
장애인인 나는 연하장을 고타츠* 위에 나열해 놓고 몇 번씩 읽는다
새로 붙인 장지문에 첫 날 비쳐 본 귀성하지 않은 형을 생각하며
새해 첫 날 아침에 가족의 구원을 위해 먼저 기도한 나는
떡국을 먹었다
끝없는 주의 사랑을 기억하며 석유 파동 뉴스를 계속 듣는다


* 숯불이나 전기 등의 열원熱源 위에 틀을 놓고 그 위로 이불을 덮게 한 난방
기구

1974

장애인이 된 지 27년 그리스도를 알고 새해를 거듭 맞이한다
초봄의 햇살에 지붕에 쌓인 눈이 녹아 조용하구나 나의 생일
목사님께 보낼 편지를 써 주고 계시는 어머니의 눈에는
눈물이 몇 개 맺혀 있다
분재를 시작한다는 연하장이 도착하자
사랑이 식어 버린 마음을 적신다
마비된 채 남아 귀로 처마 끝의 고드름이
떨어지는 소리를 들을 수 있으려나
봄눈이 내릴 예정인 오후 푹신푹신하게 어머니가 쪄 오신 이 만두
활짝 핀 모란처럼 위대한 다윗 왕에게도 연약한 마음이
올해도 핀 은방울꽃이 정원의 모퉁이 옆에도 다함없는 주의 은혜
그리스도의 성화를 가리키는 조카딸이 어머니께
하나님 어찌하여 죽으시겠다고 물으십니까
미친 듯이 날 뛰는 뇌우소리를 들으며 주의 손에 붙들리어
건강을 생각한다
물색 나팔꽃이 피고 입추의 정원에 곤줄박이가 우네
새롭게 다다미를 깐 내 방에 장마가 개이는 바람이 불어 넘친다

# 하이쿠

1962

정원 구석에 핀 국화꽃에 눈이 내려 쌓였다


1969

떡을 만드는 소리가 들려오는 크리스마스

지나고 보면 괴로움도 은혜의 복수초임을

올해도 주의 손에 이끌림 받은 종이었다

예배 드리러 가시는 어머니의 등에 눈이 내려 녹는다

예배에 늦지 않으려는 어머니가, 국화꽃 필 무렵의 어느 날

먼저 기도 한 후에, 성경을 읽는 국화 꽃 핀 아침

사투리 쓰시는 목사님과 기쁨을 나누신다

나는 기도한다. 들리지도 않지만 12월이로다.

목도리를 두르고 바삐 다니는 자들이여,

어찌하여 그리스도를 구하지 않는가

1970

파란 하늘에 흩날리는 눈발 속에서
주의 놀라우심을 찬양하는 〈시편〉을 읽는다
동생이 전직을 한 초겨울
빨래를 거두는 어머니에게 가랑눈이 내린다
봄이 되어, 차분히 가라앉은 마음에 타이른다
따뜻한 소리로 바뀐 창문 밖
수난절 매일 어두운 뉴스들뿐
봄의 벚꽃을 품은 마음과 마음이 서로 마주 통하는도다
추운 봄에 들은 지인의 좌절이려나
사랑의 하나님을 거절하는 손가락에도 제비꽃이려나
성경을 읽는 어머니의 노인을 비추는 등불
지붕 너머 5월의 하늘은 좁을까
집으로 찾아오신 손님이 가져 온 작은 떡
별것 없는 눈이 툭 튀어나온 금붕어 이야기를 들으며
졸린 조카딸은 짜증을 내며 미역을 산다
귀뚜라미에게 내 생각을 정리하여 이야기한다
모기장 속에서 동생을 위해 기도를 하는 어머니
사는 방식과는 제법 다르게 슬퍼 보이는 고추잠자리
가을빛 아스라이 변하는 벽거울, 저녁놀도 보지 않고
사람들 바삐 오가네
눈앞에 떠오르는 좁은 들길에 단풍 든 풀잎

호두가 함석지붕 때리는 깊은 밤
새해 첫날 늘 읽던 성경말씀이로다


1971
신문이 이야기하지 않는 성스런 밤이로다
제야의 청소 후에 어머니는 예배에
눈 오는 밤 어머니의 어릴 적 이야기를 들으려
찬 겨울바람 소리를 들으며 치통을 참고 있던
내 시가를 적으시는 어머니와 고타츠로다
봄밤의 등불에 어머니는 사전을 펼치신다
손발톱이 마음에 걸리는 봄밤
내 믿음나무 싹에는 미치지 못하는
꽃샘추위야, 마음과 마음은 맞닿지 않고
재림의 그리스도를 생각하는 맑게 갠 하늘
고요하구나, 물 잔에 비치는 여름의 뜰
모기에 물려 가렵고 마비된 이 팔도
주님을 알고 맞는 가을을 세며
이 가을을 새기는 손목시계는 아버지의 유품
네 살짜리 조카딸에게 걸었던 첫 전화
여태껏 본 적 없는 사람의 연하장은 어찌 많은지
가을은 깊고, 돌아가신 아버지의 일기 어머니가 읽는다

첫눈에 즐거워하는 조카딸의 이름은 미유키美雪
남천죽南天竹을 흔들며 목사님이 찾아오셨다


1972
새해로구나 많은 사람들 기도하며
목사님을 만날 수 있는 시나노信濃의 늦봄을 기다린다
겨울의 끝자락 지저귀는 새의 이름은 모르고
내리는 봄날의 눈이여, 테이프에서 흘러나오는 목사님의
부드럽고도 엄한 목소리
눈 오는 하늘은 주님의 침묵을 떠올리게 하도다
가지 친 살구나무에도 꽃망울이 달리고
꽃샘추위여, 마비된 손에 작별의 악수를 청하는구나
주님이란 글자와 닮아 있던, 초여름의 구름


1974
편지지와 돋보기와 봄과 고타츠
재회는 천국에서이옵니까 봄의 창문에
눈물이 많던 어머니가 튤립을 꽂으셨도다
들의 붓꽃이여 마음 깊은 곳까지 물들게 하라
장마 후 개였도다 입 속으로 퍼지는 초콜릿
향이 나는 저녁놀의 붉음을 발 너머로 보노라

# 맺음말

– 에노모토 야스로

　　신문 냄새에 아침을 느껴 / 차가운 물맛에 여름을 느껴 / 풍경 소리에 선선한 해 질 녘을 느껴 / 개구리 소리에 졸음을 느껴 / 오늘 하루도 끝나지 않았어 / 하나하나에 / 하나님의 은혜와 사랑을 느껴

　　술술 쓰인 〈오늘 하루도〉라는 이 시 속에 주옥같은 신앙이 엿보인다. 미즈노 겐조 씨의 시에 평소 깊은 공감을 느꼈던 나는 그가 28년간 자리에 누워 있었던 사람이라는 것을 알고, 매월 여러 잡지에 투고했던 이분의 시에 무척 놀랄 정도로 감동을 받았다. 그리고 긴 시간, 이 시들이 정리되어 세상에 나오기를 기다리고 있었는데, 뜻밖에도 내가 이 일에 도움을 드릴 수 있게 되고, 많은 분의 협력을 통하여 드디어 1집이 세상에 나오게 되었다. 많은 분의 마음에 빛과 위로가 되어, 하나님의 놀라우심을 빛내는 데 쓰일 것을 믿고 감사를 드린다.

출판을 돕게 되었을 때, 꼭 한번이라도 만나야겠다고 생각하여, 올해 1월 6일에 사카키까지 가 겐조 씨와 어머니, 여동생인 하야시 히사코 씨, 남동생 부부를 만났다.

일찍이 나는 노지리 호수 길가에 살그머니 피어 있던 한 송이 도라지꽃을 보며, 잠시 그곳을 지나치지 못했던 적이 있다. 미즈노 겐조 씨네 집을 방문했을 때, 문득 그 일이 생각났다. 성경에는 의회로 끌려갔던 스데반의 얼굴이 마치 천사의 얼굴처럼 보였다고 기록되어 있는데, 귀는 들려도 말을 못하고, 손발이 마비된 28년간, 다다미 6칸짜리 방을 자신의 세계로 살아온, 그리고 이후에도 그렇게 살아가지 않으면 안 되는 겐조 씨인데, 그 얼굴이 마치 천사의 얼굴처럼 보였다. 그를 만나러 온 어떤 사람에게 동네 사람이 "겐조 씨는 우리 마을의 보물이에요"라고 들은 적이 있다고 하니, 하나님이 이렇게 그를 이 시대의 '보물'로 살아가게 하시는 것을 보고, 주의 이름을 높이 찬양하지 않을 수 없었다.

서문은 《십자가의 말씀》을 쓰신 다카하시 목사님과 미우라 아야코 씨에게 부탁을 드렸다. 다카하시 목사님은 테이프를 통해서 겐조 씨의 신앙을 이끌어 주셨던 분이고, 미우라 아야코 씨는 남편이 겐조 씨의 투고된 시를 직접 고르셨기에, 두 분 모두 깊은 이해를 가지신 분이다. 출판에 대해서는 아카바리赤治교회의 여러분이 도와주시고, 또 편집 일들에 대해서는 《주부의 벗》 잡지사의 다카하시 카오루高下薫와 우에노 요시히로上野善弘 씨가 여러 도움을 주셨다. 사진은 우마코시 오사무馬越修와 미즈사와 히데오水沢秀雄 씨께서 도와주셨다. 이 모든 분들께 진심으로 감사를 드린다.

1975년 2월 4일

2

# 네 몸을
# 주께 맡겨라

미즈노 겐조와 깊은 관계인 사카키 영광교회에 있는 미즈노 겐조 코너

# 부활을 믿는 밝음

— 미우라 아야코

나는 미즈노 겐조 씨의 첫 시가집 《내 은혜가 네게 족하다》의 서문에 이렇게 썼다. "지금 막 탄생한 미즈노 겐조 씨의 시가집을, 나는 도대체 어떤 말로 소개하면 좋을까. 세상에는 많은 책이 있다. 그러나 이 책은 다르다. 완전히, 전혀 다르다고 나는 말하고 싶다. 이렇게 써 내려가는 내 눈엔 눈물이 넘치고 있다."

이전에 첫 시가집을 읽은 분들은 겐조 씨의 시가집이 어떻게 나오게 되었는지 알고 있을 것이다. 손발과 입의 자유를 뇌성마비로 빼앗긴 지 30년, 그가 오십음표를 보고 눈을 깜박거림으로 신호를 보내면 어머니가 그것을 시가로 받아 적어 주셨다는 것을 말이다.

나는 이것을 첫 시집의 서문에서 소개했다. "손도 발도 쓰지 못하고, 심지어 말도 못한 채 꼼짝없이 누워 있어야만 하는 겐조 씨의 눈의 움직임을 필사적으로 쫓아 수첩에 단어를 적는 이 두 사람의 모습을 상상하는 것만으로도, 내 마음은 절로 뜨거워진다. 자식과 어머니가 일심동체가 되어 지어낸 이 시가집은 세상의 많은 그 어떤 책과도 전혀 다른 것이라는 사실을 나는 말하고 싶은 것이다."

그러나 그 서문을 썼을 때, 나는 그의 어머니의 병세가 위독해졌다는 사실을 들었다. 그리고 생각했다. '만약, 어머니가 돌아가시게 된다면, 겐조 씨가 다시 시를 짓는 것이 가능할까?'

하나님은 말도 못하고, 손발도 움직이지 못하는 겐조 씨에게서 결국 그 어머니마저 뺏어 버리셨다. 그 어머니가 계셔서 시가집이 만들어졌다고 생각한 나는, 그가 이제 도대체 어떻게 살아갈 수 있을 것인가 하는 생각에 마음이 무거워졌다.

아니, 하나님은 어머니뿐 아니라, 첫 시가집을 세상에 내보는 일에 기도하는 마음을 담아 온 힘을 다했던 에노모토 목사님조차도 하늘로 불러 가시고 말았다.

그럼에도 불구하고, 정말 '그럼에도 불구하고'였다. 이렇게 두 번째 시가집이 세상에 나오게 되었다. 하나님이 겐조 씨의 신앙이 확고함을 알고 계셨기 때문이다.

　　〈주여 말씀을 주소서〉
　　주여 말씀을 주소서 / 오늘의 말씀을 주소서 / 그 말씀으로 / 그 이러한 신앙으로 받쳐진 두 번째 시집은 시련을 뛰어넘은 겐조 씨의 부활을 믿는 밝음 그리고 사람과 자연으로의 따뜻함으로 가득 찬, 훌륭한 책이 되었다. 첫 시집보다 더 우리들을 격려하고 감동시키는 훌륭한 한 권의 책이 되었다.

이후로도 계속 겐조 씨가 하나님께 보호 받고, 축복 받길, 그리고 돌아가신 어머니를 대신하여 그의 손이 되어 준 제수 아키코秋子 씨와 가족들 위에 한없는 축복이 더하길 기도한다.

1978년 8월 4일

# 기쁨과 희망의 노래

— 다카하시 사부로

겐조 씨의 어머니의 간절함에도 불구하고, 그 아들보다 먼저 하늘로 부르심을 받은 것이 이 어머니를 유일하게 의지하며 살아온 겐조 씨에게 얼마나 큰 타격이었을지. 나는 먼 땅에서 숨막히는 심정으로 이것을 지켜보면서, 주의 연민을 구하는 기도를 계속했던 사람 중 한 명이었다. 하나님은 어째서 이런 비참한 일을 행하시는 걸까 하고, 그 뜻을 헤아릴 수 없다는 생각을 멈출 수 없었다. 하지만 그로부터 3년 남짓이 지난 지금, 그 시간을 돌아볼 때, "내 은혜가 네게 족하다"라는 주의 말씀이 문자 그대로 현실이 되어 겐조 씨를 굳게 붙잡아 주는 것을 더 이상 누구도 의심할 수 없다. 이 엄숙한 소식을 이 시집은 생생하게 증언하고 있다. 그것은 구체적으로 테츠오哲男 씨의 모든 가족이 진심으로 그의 병간호를 계속하고, 많은 스승과 벗들이 기도로 그를 받치고 격려해 주었기에 실현된 일이지만, 그

배후에 있는 모든 것을 이끄신 분은 다름 아닌 살아 계신 주 예수이시다. 출판에 이르게 된 이 두 번째 시집의 현저한 특징은 이 소식을 노래하는 시가 압도적으로 많다는 것이다.

> 어머니를 잃은 나를 위해 / 울지 마세요 / 더 이상 울지 마세요 / 마음속은 / 이상할 정도로 / 잠잠합니다 / 그리스도가 / 나와 함께 / 함께하시기 때문이겠죠

> 주 예수님 당신이 / 조용한 밤길로 가까워지는 / 발걸음소리다 발걸음소리라고 / 금방 알아차렸습니다 / 바로 알아차렸습니다

> 그리스도의 사랑에 닿았던 그때 / 내 마음은 변했습니다 / 미움도, 원망도 / 안개처럼 사라졌습니다

아무 일도 없었던 것처럼 이야기하는 이 고백의 뒤에는 얼마나 깊은 영적 교제가 생동하고 있는지, 헤아릴 수조차 없는 엄숙한 비밀을 나는 거기서 실감한다. 십자가 위의 대속의 피를 흘리신 예수님이 날마다 그와 함께 걸으시고, 친밀하게 말을 걸어 주시는 분이라는 사실을 겐조 씨는 그 모든 존재를 들어 증언하고 있다. 이것을 생각할 때, 견디기 어려운 고난을 짊어지게 된 그를 '뭐라 말할 수 없는

소중한 선택의 그릇으로서 사용된 사람이구나'라고 생각하지 않을 수 없었다.

지금까지 7년 남짓한 사이, 매 주일마다 했던 나의 성경강의를 그에게 녹음테이프로 들려줬지만, 매월 보내오는 보고報告의 제일 앞 부분은 다음과 같았다.

"말씀의 진리가 마음에 스며들고, 신앙이 새롭게 되었습니다. 뇌성 마비가 되고, 어떤 희망도 기쁨도 없이 그저 식물처럼 살고 있는 나였 지만, 주 예수님의 십자가에 나타난 진리인 진실한 하나님의 사랑과 구 원에 닿아, 기쁨과 희망을 갖고 사는 것이 가능하게 되었습니다. 매일 매일 주를 올려다보며, 이 기쁨과 희망을 굳게 지켜 살고 싶다고 기도 하고 있습니다." (1975년 10월)

이 '기쁨과 희망'이 얼마나 깊은 인내와 사랑을 낳아, 주위 사람 들에게까지 풍성한 축복을 쏟아 내는 샘이 되었을까. 나는 이 구체 적인 결실로서 나온 이 소중한 시가집을 앞에 두고 다시 진심으로 찬양을 선창하고 싶다는 생각을 했다.

1978년 7월 27일

에노모토 야스로 목사 기념일에

# 주여 어찌하여

주여 어찌하여
아버지에 이어
어머니마저
천국으로 부르셨나요
눈물이 흘러넘쳐
주여 주여 하고
그저 외치기만 할 뿐
다음 말을
잇지 못합니다

주여 당신도
나와 함께
울어주시겠습니까

# 엄마 고마워

나의 손이 되고 발이 되고
슬픔 고통을
함께해 주셨던
엄마

겐조를 천국으로 보낸 후에
가고 싶다고
언제나 말씀하셨던
엄마

먼저 가서
미안하다고 말씀하시고
이른 봄 아침
천국으로 가 버리신
엄마

# 하늘나라로

고민과 아픔 많은 이 세상의
싸움을 지금 막 마친 자를
하늘나라로 맞이하여 주소서

흐르는 눈물 몇 방울일지
모두 알게 되리라 깊은 자비로우심을
주어 그 손으로 닦아 주소서

사랑만이 마음에 매달리어
시련을 견뎌 낸 자에게 약속하신
생명의 관을 씌우소서

사랑하는 자를 눈물로 적신 눈에
보낸 우리들도 그대로
천국으로 가 그들을 만나게 하소서

# 약속하신 예수여

사랑하는 자를 잃은
슬픈 자와 함께
눈물 흘리신 예수여
위로하소서

믿는다면 천국의
영광을 보게 될 것이라고
약속하신 예수여
신앙을 주소서

차가운 무덤 속에
묻혀 있던 나사로를
되살리신 예수여
소망을 주소서

# 울지 마세요

어머니를 잃은 나를 위해서
울지 마세요
더 이상 울지 마세요

마음속은
이상할 정도로
잠잠합니다

그리스도가
나와 함께
계서 주기 때문일까요

# 말씀해 주세요

말씀해 주세요
말씀해 주세요
은혜가 넘치고
빛이 가득한
푸른 아침입니다

말씀해 주세요
말씀해 주세요
베다니 마을의
마리아처럼
무릎을 꿇습니다.

말씀해 주세요
말씀해 주세요
내 마음에도
없어서는 안 되는
단 하나

# 단 한 번

단 한 번
신칸센 전철을 타고
오사카에 갔지만
내 걱정에
예정을 앞당겨
재빨리 돌아와 버린
어머니

큰어머니와 사촌들의 가족
진심 어린 환영
복어 요리
만담 관람
오사카 성 견학한 이야기를
몇 번이고 몇 번이고 이야기해 주신
어머니

# 깜박임으로 지은 시

입도 손발도 잃은 나를
28년 동안
돌봐 주신
어머니

좋은 시를 지을 수 있도록
사계절 꽃을
피워 주신
어머니

깜박임으로 지은
시를 하나도 놓치지 않고
노트에 써 두신
어머니

시를 써 주지 못하게 되어
슬프다고 말하며
천국으로 가신
어머니

지금도 꿈속에서
돋보기를 쓰고
계속해서 써 주시는
어머니

# 그 상냥함에

종다리가 지저귀고
제비꽃이 피는
밖에서 놀고 온 어린 조카딸이
나에게 묻습니다

매일 지루하지 않아?
밖으로 나가고 싶지 않아?
그 상냥함에
배려에
나는
그저 미소를 지을 뿐입니다

# 그 사랑

돌아가신 어머니를 대신하여
제수씨가 들어와 주었다
차갑게 식기 전에
드세요
가능하면 쑥떡도
드세요

주여 당신이
나를 걱정하셔서
찾아와 주셨군요
그 사랑만으로
나는 충분합니다

# 돌아가신 어머니의 생가

버스도 다니지 않는 언덕길을
동생을 업은 어머니 손에 이끌려 갔었다
바람이 불 때마다
사과의 흰 꽃이 흩날려 떨어졌다
돌아가신 어머니의 생가

사촌들이 너무 시끄러워서
할아버지께 살짝 혼났다
밤에도 낮에도 쉬지 않고
물레방아가 도는 소리만 있었다
돌아가신 어머니의 생가

# 이제야

쓰러져가며 십자가를
짊어지고 가신 주를 만났지만
매일매일의 바쁨을 헤쳐 가다가
깨끗하게 잊고 있었습니다

이제야 홀로 남아
조용한 여정을 생각해 봅니다
그 흘리신 보혈이
나를 구하시기 위한 것이라고

죽으시고 다시 사신 주여
빛이 없는 이 방에서
지금 바로 말씀해 주소서
그대의 죄를 사하노라고

# 시詩

어머니 대신에
제수씨가
써 줄 테니까 –

나를 살리시고
나를 사랑하시고
나를 붙들어 주시는
하나님을
찬양하는 시를
계속 지어내겠습니다

# 아버지도 어머니도

뇌성마비에 걸린 나 때문에
아버지도 어머니도
조상의 저주야
집터가 좋지 않네
이름이 나빠, 등
여러 가지 고민으로 방황했습니다

내가 그리스도를 믿고 난 후
아버지와 어머니의 방황이 멈추고
그저 믿어 주셨습니다

# 바로 알아차렸습니다


주 예수님 당신이
조용한 밤길로 다가오시니
발소리다 발소리다 라고
바로 알아차렸습니다
바로 알아차렸습니다


주 예수님 당신이
덧문을 두드리시니 나를
부르시는 목소리다 부르시는 목소리다 라고
바로 알아차렸습니다
바로 알아차렸습니다


주 예수님 당신의
사랑에 순종하며 따르는 것이
나의 길이다 나의 길이다 라고
바로 알아차렸습니다
바로 알아차렸습니다

# 달개비

달개비꽃은
눈동자에 비친 하늘
그 밝음은
어머니

달개비꽃은
넘쳐흐르는 눈물
그 상냥함은
어머니

아무도 다니지 않던
길가에 살짝 펴 있던
달개비꽃을
어머니도 좋아하셨다

# 주여 용서하소서

나사렛 예수를 나사렛 예수를
정말로 모른다고
나도 외쳤습니다
나도 외쳤습니다
주여 주여 용서하소서

나사렛 예수를 나사렛 예수를
십자가에 못 박으라고
나도 외쳤습니다
나도 외쳤습니다
주여 주여 용서하소서

나사렛 예수여 나사렛 예수여
거기서 내려와 보라고
나도 외쳤습니다
나도 외쳤습니다
주여 주여 용서하소서

# 귀엽고 귀여운 가을

저녁놀이 물든다
주머니 가득히
수를 헤아려 주운 나무 열매
귀엽고 귀여운 가을을
지금도 기억하고 있니

아버지도 어머니도 안 계신
고향이지만
바람이 불 때마다
귀엽고 귀여운 가을이
지금도 넘쳐흘러

하나님의 은혜를 생각하는
마음을 되찾아
돌아오지 않을래
귀엽고 귀여운 가을이
지금도 기다리고 있으니까

# 편지(1)

주여
오늘 밤도 밤늦게까지
편지를
쓰고 계신 건가요
하나하나
고민거리나 슬픔을 떠올리며
사랑이 넘치는 말씀을
쓰고 계신 건가요

굳게 굳게 닫힌
마음을 열고
읽기를
바라면서
쓰고 계신 건가요

# 편지(2)

제법 예전에
편지는 도착했습니다
읽지 않고 버려 버릴까
뜯어 읽을까 하고
망설인 끝에
오늘 밤 읽었습니다

십자가 위에서
보혈을 흘리신
그 사랑이
마음에 스며들어
끝없는 눈물이 넘쳐
더 이상 쓸 수 없습니다
주여
용서해 주세요
용서해 주세요

# 편지(3)

읽지도 않은 채 찢어 버리지 마
서랍에 집어넣지 마
주님에게서 온 편지를 펼쳐 읽어
주님에게서 온 편지를 펼쳐 읽어
언제까지나 변하지 않는
사랑과 진실로 가득 찬
주님에게서 온 편지를 펼쳐 읽어
주님에게서 온 편지를 펼쳐 읽어

주춤거리지 말고 지금 바로
마음을 솔직하게
주님에게서 온 편지를 펼쳐 읽어
주님에게서 온 편지를 펼쳐 읽어

# 어머니(1)

정월에 귀성한
형과 동생을 향하여

주 예수님을
믿도록
형제 사이가 좋도록
지체장애인인 나를
잘 부탁한다고
말씀하셨던 어머니

천국에 불려 가실 날이
가까워진 것을
알고 계셨던 걸까

# 거룩한 밤


현대 의학에게
버림받아
퇴원한 것도 모른 채
침대 위에서
견디고 계시던 어머니

약을 먹어도
주사를 맞아도
멈추지 않는 고통을
침대 위에서
견디고 계시던 어머니

십자가에 못 박히시려
태어나신
주 예수님을 우러러보며
침대 위에서
견디고 계시던 어머니

삶도 죽음도 무엇이든지
지배하고 계시는
주 예수님께 맡겨
침대 위에서
견디고 계시던 어머니

신세를 진
실습간호학생에게서 받은
크리스마스카드를 읽으며
침대 위에서
견디고 계시던 어머니

아름답고 밝게
바늘로 링거 주사를 맞으며
크리스마스트리의 작은 전구를 보며
침대 위에서
견디고 계시던 어머니

# 어머니(2)

첫 서리가 내리고
하얀 숨이 나오는 아침에도
들국화 향기가
밝은 소춘小春일에도
흐린 유리문을
낙엽이 두드리며 저물 때에도
까치의 높은 울음소리가
딱 알맞다

뇌성마비인 나의
고민과 슬픔을
함께해 준
어머니를 그리워하는 마음에도
까치의 높은 울음소리가
딱 알맞다

# 어머니(3)

낙엽을
쓸어내는 소리에 어머니의
목소리가 들린다

낙엽을
태우는 냄새에
어머니의 마음이 있다

모닥불의 하얀 연기에
눈물이 많아졌다
눈물이 많아졌다
어머니의 얼굴이 떠오른다

# 발소리

오늘 하루도
발소리로 시작된다
신문배달부 발소리
우유배달부 발소리
우편배달부 발소리

오늘 하루도
성령을
부어 주시는
주님의 발소리

# 어머니(4)

거룩한 밤에도
고통을 견디고 계시던
어머니는

천사처럼 어린
조카딸들의 상냥한 노랫소리를
듣고 계셨습니다

흔들리는 양초에
기쁨의 눈물이
기쁨의 눈물이
빛나고 있었습니다

# 남천南天*

어느 아침
서리가 내리고
정원이
쓸쓸해지면 쓸쓸해질수록
아름다움이 더해진다

뇌성마비인 나의
고민을 들어 주셨던 아버지가
수십 년 전에
심어 주셨던
남천
녹아내린 서리 물에 빛나는
빨간 열매는
아버지의 사랑이 가득 찬 눈길
아버지의 사랑이 가득 찬 눈길

* 매자나뭇과의 상록 관목

# 지난해

난로 위에서
검은콩 볶는
소리를 들으며
지난해를 생각한다

어머니의 소천
조카딸의 1학년 입학
하나하나 여러 일들이
떠오른다

언제까지라도 언제까지라도
내 마음을
위로하고 지켜주시는
주의 손을 생각한다

# 팥

햇빛이 잘 드는 방이지만
눈이 멈추지 않고 내리는 날에는
난로를 계속 때운다

뇌성마비인 나를
어머니 대신
돌봐주는 제수씨는
부업을 하며
팥죽을 만든다
팥을 삶는다
팥 삶는 소리에
팥 삶아지는 냄새에
어머니의 소리가
어머니의 마음이 있다

# 시간의 간격

시간의 간격을 넘어서
시간의 간격을 넘어서
내 귀에 상냥하게 울린다
주 예수님의 목소리가

시간의 간격을 넘어서
시간의 간격을 넘어서
내 마음에 강하게 다가온다
주 예수님의 사랑이

시간의 간격을 넘어서
시간의 간격을 넘어서
내가 살아가는 버팀목이 되어 준다
주 예수님의 마음이

시간의 간격을 넘어서
시간의 간격을 넘어서
나의 기쁨과 희망이 되어 준다
주 예수님의 은혜가

# 아버지와 갔던 그 강가에는

아버지와 갔던 그 강가에는
하늘 높이 종다리가 울고 있었나
하늘 높이 종다리가 울고 있었나
지금도 내 마음속에 울고 있기를

아버지와 갔던 그 강가에는
달맞이꽃이 피어 있었나
달맞이꽃이 피어 있었나
지금도 내 마음속에 피어 있기를

아버지와 갔던 그 강가에는
낚시를 하는 부자가 있는가
낚시를 하는 부자가 있는가
지금도 내 마음속에 지워지지 않기를

# 흰 매화

아직
부는 바람이 차갑고
눈도 내린
밭에서
꺾어 온
흰 매화꽃은

부활하신
주 예수님을
만났던
막달라 마리아의
넘쳐흐르는 기쁨

# 물가의 벚꽃

물자가 부족한
전쟁 중에
아버지가 사 오셨던
스무 가지 색 크레용
변변찮은 갱지

푸른 둑에
자리를 잡고
빨간 크레용
하얀 크레용으로
그려 낸 벚꽃

바람이 불 때마다
꽃잎이 떨어져
어떻게 해 봐도 어떻게 해 봐도
그려 내기 어려웠던
물가의 벚꽃

# 이렇게 아름다운 아침에(1)

하늘에는
새벽과 함께
종다리가 지저귀고

들에는
이슬에 젖은
제비꽃이 피어 향기롭다

이렇게 아름다운 아침에
이렇게 아름다운 아침에

주 예수님은
무덤에서
나오셨겠지

# 이렇게 아름다운 아침에(2)

안개가 점점 걷히고
산들이 모습을 드러낸다
이렇게 훌륭한 아침에
주님이 주님이 다시 사셨다

하늘 높이 종다리가 울고
이슬에 젖은 제비꽃이 핀다
이렇게 아름다운 아침에
주님이 주님이 다시 사셨다

일찍 일어난 사람이 웃는 얼굴로
아침인사를 서로 건넨다
이렇게 따스한 아침에
주님이 주님이 다시 사셨다

# 어린 나귀

눈이 따뜻한 어린 나귀야
많이 먹어서 배탈 나지 않길
많이 뛰어서 다리 다치지 않길
왕 중의 왕 되신 예수님을
모셔야 할 임무가 있으니까

눈이 따뜻한 어린 나귀야
불리면 곧바로
쫓아갈 준비를 하렴
왕 중의 왕 되신 예수님을
모셔야 할 임무가 있으니까

눈이 상냥한 어린 나귀야
선택 받은 이 자랑스러움으로
기쁘게 힘차게 나아가라
왕 중의 왕 되신 예수님을
모셔야 할 임무가 있으니까

# 농업고등학교

빨갛고 하얀 코스모스가
어우러져 피어 있는
농업고등학교

전쟁 중이었는데
누가 심어 둔 걸까
지금까지도
가끔 가끔 떠오른다

# 주의 손

이제 막 태어난
예수님의 그 성스러운 손은
큰 목수로
일하기 위한 손

그것보다도 무엇보다도
나의 죄를 위해
십자가 위에서
못 박히기 위한 손

# 내 마음속에는

크림빛 장미가
피어 향이 나는 푸른 아침입니다
내 마음속에는
주의 사랑이
주의 사랑이 가득합니다

때때로 장미 향기를
실어 나르는 바람이 부는 아침입니다
내 마음속에는
주의 사랑이
주의 사랑이 가득합니다

반짝반짝 빛나는
이슬이 장미에서 떨어지는 아침입니다
내 마음속에는
주의 사랑이
주의 사랑이 가득합니다

# 눈과 귀

뇌성마비로
모든 것을 빼앗겼지만
하나님이 눈과 귀만은
지켜 주셨다
말씀을 읽도록
말씀을 듣도록
말씀으로
구원하시기 위해

# 소꿉친구

꽃을 재배하는
농가로 시집간
소꿉친구
계속 계속 만나지 못했다

그래도 때때로
어머니께 부탁하여
전해 줄 거야
색색의
계절 꽃

아픈 나의 방에서
상냥하게 피어 향을 내는
도라지꽃이
어린 시절 그때의 얼굴을
어린 시절 그때의 마음을
되살린다

# 심장

무심코
가슴에 손을 대어 보니
심장이 뛰고 있다
아직 움직이고 있다

갈 때마다 의사에게
이젠 끝났다는 말만 들어 왔는데
심장이 뛰고 있다
아직 움직이고 있다

내 의지가 아닌
하나님의 의지로
심장이 뛰고 있다
아직 움직이고 있다

# 길 안내

주여
길 안내를 하겠사오니
찾아오소서

코스모스 피어 흐드러진
그 집입니다

외롭게 아파하는 어떤 이에게
말씀해 주소서
아버지 되신 하나님의
깊은 사랑을

# 여고생

여름방학에
먼 곳에서
만나기 위해 찾아온
여고생

작년에 하늘로 불려 간
어머니가 좋아하셨던 찬미가를
불러 준
여고생

눈물을 글썽이며
뇌성마비로 마비된 손을
잡아 준
여고생

내 마음에
시원한 산들바람을
날라다 준
여고생

# 알고 계십니까

알고 계십니까
정말입니까
빛나는 형광등도
따뜻한 난로도
부드러운 아기침대도 아닌
마구간의 구유에서
누워 계신 분이
우리들의 구세주라는 걸

알고 계십니까
정말입니까

# 거룩한 밤

밤하늘에 빛나는
저 별보다도
작고 작은
이 지구의
구석에서 태어나신
독생자 예수님

많은
별이 반짝이고
끝없이 넓어지는
이 우주보다도
크고 큰
하나님의 사랑

# 연하장

보낸 이의
이름이 적혀 있지 않은
연하장이 도착했습니다

올해도
아침저녁으로
기도합니다 라고
써 있었습니다

몇 번이나 만나러 와 주셨던 분
한번 만나러 와 주셨던 분
편지로만 만났던 분
이름이 하나씩
떠오릅니다

나도
하나님께
기도하겠습니다

# 올해도


주여
가랑눈이 내리고 있는데
내 방에는
복수초가 피어 있습니다

주여
당신이 함께 계심을
언제나 어떤 상황에서라도
알려 주세요

# 눈길

주여
눈길에서
추우셨죠
제수씨가 만든
팥죽이라도 드시고
차가운 몸을
따뜻하게 녹이세요

당신과 함께 있는 것만으로도
내 마음은
따뜻합니다

# 2년

2년 전에 천국으로 불려 가신
어머니를 그리워하는 창문에
흰 매화 꽃잎 같은
눈이 춤춘다

주의 손에
의지하고 있던
2년의 날들이여

# 사랑의 손

건강하게 보낸 날들도
아픔에 괴로워했던 날들도
아버지 되신 하나님의
변하지 않는 사랑의 손 안이라

기쁨을 노래하는 아침도
눈물을 흘리는 밤도
아버지 되신 하나님의
변하지 않는 사랑의 손 안이라

기세등등할 때도
후회투성이일 때도
아버지 되신 하나님의
변하지 않는 사랑의 손 안이라

# 감사

햇살을 받으며
조카딸이 손톱을 깎아 주었다
벚꽃을 바라보며
제수씨가 머리카락을 잘라 주었다
눈 녹는 소리를 들으며
동생이 목욕시켜 주었다

이른 봄의 달을 보며
하나님의 은혜에
감사드렸다

# 봄

내가 누워 있는
다다미 6칸짜리 이 방에도
하나님의 은혜인 봄이 있다

동생이 뜯어 온
머위 줄기
조카딸들이 따 온
봄까치꽃
제수씨가 꺾어 온
살구꽃

# 장발장

라일락꽃이 핀 밤에
장발장을
아버지가 감정을 실어
읽어 주셨습니다

내 옷을 꿰매고 계셨던
어머니도 듣고 계셨습니다

20여 년이 지난 지금도
그날 밤의 감동이
되살아납니다

# 주 예수님이시기에


아버지를 여의고
가족을 돌본
주 예수님이시기에
우리의 고민과 근심을 알아주신다

쓸쓸한 어머니를 위로하고
형제자매를 사랑하셨던
주 예수님이시기에
우리의 고민과 근심을 알아주신다

양식을 구하기 위해
이른 아침부터 일하셨던
주 예수님이시기에
우리의 고민과 근심을 알아주신다

# 작은 조개껍데기

바다에 가지 못하는 날 위해
조카딸이 주워 온
작은 조개껍데기가
노래하는 시는

바다의 큼
바다의 아름다움
바다를 만드신
하나님의 위대함

# 하나님의 진실은 변하지 않아

오는 해에도 오는 해에도
상쾌한 초여름에는
은방울꽃이 피듯
하나님의 진실은 변하지 않아

오는 해에도 오는 해에도
맑게 갠 가을 하늘에는
용담꽃이 피듯
하나님의 진실은 변하지 않아

꽃의 계절이 지나고
사람 마음도 변하고
약속을 잊어버려도
하나님의 진실은 변하지 않아

# 단 하나만 변했습니다

아침부터 밤까지
신세를 지지 않으면
하루도 살 수 없는 것은
지금도 변하지 않았습니다
서른 한 해 동안
변하지 않았습니다
천국으로 불려 갈 때까지
변하지 않습니다
단 하나만
변했습니다
3년 전부터
신세를 지는 분이
어머니에서 제수씨로
변했습니다

# 주 앞에서 다시 뵈올 그날을 바라며

천국으로 돌아간 사람도
그것을 눈물로 보낸 사람도
주 앞에서 다시 뵈올 그날을 바라며
깊은 은혜의 하나님을 찬양하라

말씀을 전하는 사람도
그것을 숙연히 듣는 사람도
주 앞에서 다시 뵈올 그날을 바라며
깊은 은혜의 하나님을 찬양하라

헤아리기 어려운 뜻으로 인해
천국과 땅이 나뉘었지만
주 앞에서 다시 뵈올 그날을 바라며
깊은 은혜의 하나님을 찬양하라

서로 기도하면서
남겨진 은혜를 이어받아
주 앞에서 다시 뵈올 그날을 바라며
깊은 은혜의 하나님을 찬양하라

# 왕 되신 주를 맞이할 준비를 하자

아직 시간이 있다고 생각하는 자들아
밤이 깊어지고 새벽이 가까우니
왕 되신 주를 맞이할 준비를 하자

꿈속에서 헤매는 자들아
잠든 마음을 빨리 깨워
왕 되신 주를 맞이할 준비를 하자

귀를 기울이면 확실히 들려온다
주가 가까이 오시는 발소리
왕 되신 주를 맞이할 준비를 하자

뜻밖의 때에 다시 오신다고
주의 약속을 기억하며
왕 되신 주를 맞이할 준비를 하자

# 에노모토 야스로 목사님

천국으로 불려 가시기
보름 전에
써 주셨던
목사님의 편지

간결한 문장 속에
지체장애인인 나에 대한
상냥함과 배려가
가득했던 편지

멀리서 나를
찾아오셨던 건
두 번뿐이었지만
내 마음에서 지워지지 않아
사랑으로 가득 찬
그 웃는 얼굴 그 웃는 모습

# 진심입니까

아버지 되신 하나님
우리들을 죄로부터
구하시기 위해
유대의 베들레헴에서
오늘 밤 태어나신
독생자 예수님을
십자가에 못 박으시는 것이
진심입니까
피할 수 없는 겁니까
다른 방법은 없었던 겁니까

# 크리스마스

남동생이
트리를 꾸며 주고
제수씨가
카드를 써 주고
케이크를 먹여 주고
조카딸들이
하나님의 아들을 찬양하는 노래를 불러 주고
장애인인 나는
그저 감사만

# 찬 바람

찬 바람 부는 해 질 녘에
부엌에서 나는
무와 생선 삶는 냄새

차가워진 마음을 따뜻하게 할 땐
그리스도의 사랑

찬 바람이 부는 해 질 녘에
부엌에서 나는
무와 생선 삶는 냄새

# 주여 여기에는

주여 여기에는
당신과 나뿐입니다
아직 동이 트기까진 멀어서
아무것도 보이지도 들리지도 않습니다

주여 여기에는
당신과 나뿐입니다
밝은 빛을 구하는 마음에
모든 것을 비추는 빛을

주여 여기에는
당신과 나뿐입니다
어둠에 떨고 있는 마음에
평안으로 채우시는 마음을

주여 여기에는
당신과 나뿐입니다
밤이슬에 차가워진 마음에
영원히 변하지 않는 사랑을

# 발자국

눈길 위로
끝없이
끝없이 계속되는
발자국은

내 무거운 짐을
지고 가시는
그리스도의
발자국

# 그날 아침

마른 풀 속에
살짝 펴 있는
제비꽃이
내 마음을 불러 깨운다

주 예수님이
무덤에서
나오셨던
그날 아침의
그 기쁨을

# 들길

산들바람이 불고
종다리가 울고
민들레가 핀
들길을 걸으면
희미하게 들려오는

주 예수님의
음성
내일은
걱정하지 마

# 내 마음에

들장미 붉게 향기 나는
밝은 들길을 걸으면
내 마음에 떠오르는
예수님의 그 모습

가끔 뻐꾸기가 우는
선선한 나무그늘에서 쉬다 보면
내 마음에 떠오르는
예수님의 그 말씀

예수님이 나타내신
진실한 사랑을 생각하면
내 마음에 넘치는
예수님을 향한 기쁨

# 누구의 마음에나

누구의
마음에 머물진 않지만
몰래 핀
파꽃

초여름 바람이 불 때마다
솜구름이 조각나
흰 나비가 되어
훨훨 내려앉는다

# 목사님

몸이 불편해지고
고추잠자리를 슬프게 보고 있던 나에게
성경을 읽어 주시고
말씀을 설명해 주셨던 목사님

커다란 활자로 된
커다란 성경도
잘 읽지 못할 정도로
시력이 약해진 목사님

28년 간
나를 위해
아버지 되신 하나님께
기도를 계속 해 오신 목사님

# 단가

1975. 3
어머니 돌아가신 아픔을 견디다 못해 온 방에
이른 봄의 아침 햇살 비취고
가신 어머니가 사랑했던 찬송가를 눈물로 부르는 동생들을
나는 보고 있었다
가신 어머니여 장애인인 나를 위해 살고 싶다고,
몇 번이고 말씀하셨던 가신 어머니여
물빛 봄까치꽃, 돌아가신 어머니의 영전에 드리며 여동생은 울고
어머니가 돌아가시고 쓸쓸한 저녁 식탁,
제수씨가 뜯어 온 미나리 향이 애잔하고
감기 걸린 목사님의 찬송가는 돌아가신 어머니께 전해지는 듯
마음에 사무쳤다
내 시를 받아 적어 주셨던 어머니는 가시고,
남은 돋보기가 봄볕에 빛난다
내 어머니의 죽음을 슬퍼하는 엽서에도,
지금은 하나님 뜻을 알지 못하겠다고 쓰여 있고
새벽녘에 꾼 꿈에, 가신 어머니가
내 시를 책상 앞에 앉아 적고 계셨다

살구꽃 피는 고요한 해 질 녘,
할머니는 왜 죽었냐고 조카딸이 묻는다
돌아가신 어머니께 동창회 초대장이 도착한,
살구꽃 피어나는 아침이여
어머니 돌아가시고 50일째의 봄볕이 널리 비춰고,
동생이 내 머리카락을 깎아 준다


1975. 4
지병을 앓는 큰어머니보다 먼저 가신 어머니의 옷을
유품으로 큰어머니께 보낸다
엷은 색 초여름 옷을 사 와서 입어 보지도 못하고 어머니는 가셨다
비료를 주시던 어머니는 가셨는데 올해도 모란은 피었다
옛날에 갔었던 어머니의 생가에는
물레방아 소리가 밤중에도 들려오고
물레방아 소리 들으며 사촌들과 죽마 타고 놀던 추억도
먼 옛날의 일
사과꽃 피는 어머니의 생가여 어머니와 함께
물레방아 소리를 듣고 싶구나
향기로운 햇차를 마시며 남동생과 조용히 이야기한다
어머니의 마지막을
손발입 놀리지 못하는 나를 사랑해 주신 목사님께 드릴 선물은

파란 두릅
은방울꽃이 향기롭게 핀 아침 신문 단가를 한 수 한 수 읽었다
봄장마가 내려 쌀쌀하니 제수씨가 카레라이스를 해 주었다


1975. 5~10
치쿠마 강에 피어 있는 꽃을 선물로 드리려고 장마가
개인 사이 모자간 소풍
장마가 끝난 한여름의 하늘을 소리개가 날아가는 치쿠마 강에
고향의 치쿠마 강으로 오랜만에 은어 잡으러 간다는
큰아버지의 전화
그리스도의 격심한 고통을 생각하여도,
역시 먹을 수밖에 없는 치통약
때까치 소리 들으며 기도한다
남동생을 새 직장으로 이끌어 주옵소서
부모님은 돌아가신 고향이지만, 물들어 가는 으름덩굴을 따러
형님아 돌아오소
몇 번이나 못 불겠다고 울었던
조카딸의 하모니카 소리에는 기쁨이 있고
부모님 쓰시던 손목시계 찬 제수씨가 자동차 학교에 간다
내가 읽는 책장을 넘기며 제수씨는 교통법규 공부를 하고
한 알의 초코볼이 입 안에 달콤하게 퍼지는 조카딸의 상냥함

구름이 갈라져 가을 햇살이 내리쬐었네 나를 위해
괴로움 당하신 성화 속 예수
낙엽 타는 흰 연기가 눈에 번져, 눈물 많던 어머니를 추억한다


1975. 11~1976. 1
열무절임을 좋아하던 어머니를 생각하며
하얗게 김 오르는 아침밥을 먹었다
찌르레기가 감을 쪼아 먹는 고요함 속에 사형수의 수기를 나는 읽고
예배에서 돌아오는 길에 어머니가 찐빵을 사 오셨던
가랑눈 내리던 날이여
눈 그친 밤하늘에 빛나는 오리온을 어머니와 바라보았던
크리스마스이브여
일찌감치 크리스마스카드가 도착했다
아버지가 심으신 남천촉은 붉고
창밖은 눈보라가 되었고, 조카딸들이 난로 위에다 떡을 구웠다
어머니를 그리는 고요한 이브의 밤,
예년보다 많이 도착한 카드를 읽었다
마당 저쪽의 새하얀 눈을 조카딸이
작은 손으로 쥐어다 내게 보여 주었다
얼어붙은 손가락으로 꾀꼬리소리 나는 피리를 붙잡고,
형과 함께 불었던 설날의 추억

가랑눈이 내려 쌓이는 밤에
뜨거운 물에 탄 벌꿀 향이 달콤하게 퍼진다
작은 손가락으로 조카딸은 쓰다듬으며 즐거워했다
물에 담근 히아신스 구근을


1976. 2~4
학원에서 돌아온 조카딸은 열을 내며 이야기했다
겨울 밤하늘이 얼마나 아름다운지를
소설 《호소카와 그라시아 부인》을 다 읽고,
내렸다가 사라지는 함박눈을 본다
조카딸이 꺾어 온 봄까치꽃에도 놀라운 하나님의 솜씨인
파아란 꽃잎
스위트피 향기 나는 해 질 녘,
아픈 이를 참으며 목사님의 편지를 읽었다
북미로부터의 항공우편은 뇌성마비인 아들을 가진 노모의 탄식
봄밤의 바람 덕에 달리는 열차소리가 지척에서 들려온다
서향나무 향기 나는 우리 집에
멀리서부터 단가 짓는 목사님이 오셨다

1976. 5~1977. 4
봄이 늦는 우리 마을에 제비가 돌아와
해 질 녘 목소리로 소식을 알린다
신문 읽을 새도 없는 제수씨에게 책을 사 온 어버이날의 조카딸
버려진 종잇조각 같은 나마저도 구원하신 하나님의 사랑이여
병든 나를 문안 오셨던 선교사님 목사님 여섯 분도
하늘로 돌아가셨다
하나님의 뜻이라 믿으면서도 때때로 마음에 차오르는
불안과 두려움
예수의 죽음에 그저 울 뿐이었던 막달라 마리아처럼 나도 기도했다
용담화 피는 이 방에 몸져누워 30년간 주를 바라보았다
적잖게 매미가 우는 오후, 브라질에 가신 목사님의 건강을 기도한다
레코드로 만들어진 내 찬송가를
하늘에 계신 어머니께도 한번 들려 드리고 싶은데
한바탕 놀고 돌아온 조카딸이 불을 켜고
봉투를 뜯어준 목사님의 편지로다
초겨울 찬 바람 부는 대로 나뭇잎 떨어지니,
나도 살고 싶네 하나님 뜻대로
벽에 걸린 거울 속에서 찌르레기가 감을 쪼아 먹는 입동 아침
가랑눈이 내리는 신춘의 고요함에 건전지를 바꾼 벽시계가 울린다
하나님이 기르시는 찌르레기 떼에 눈 내리는 설날의 하늘
포근한 겨울 햇살을 받아 손과 발을 뻗으니

조카딸이 손톱을 깎아 주었다
초등학교 4년밖에 못 다닌 나로서는
조카딸의 산수 문제는 풀 수가 없고
어머니 가신 후엔 고향에 오지 않는 형을 슬퍼하며 기도했다
주님의 구원을


1977. 5~1978. 6
흰 목련 꽃봉오리 움튼 우리 집 뜰에,
2년 만에 목사님의 웃는 얼굴이로다
바다에 갈 수 없는 나를 위한다며,
바다체험학습 갔던 조카딸이 작은 조개껍데기를
장마 그쳐 노을 진 하늘 올려다보며
브라질에 가신 목사님을 위해 기도한다
내가 만든 시가를 알아주고 시집으로 출판해 주신
목사님의 부고를 들었다
《내 은혜가 네게 족하다》는 시집 제목을 지어 주신
에노모토 목사님의 부고
미국으로 떠나기 전에 목사님이 써 주신 편지가 마지막이 되었다
목사님의 뜻을 이어받은 사람을 계속해서 세워 달라고
간절히 기도한다
이 세상에서는 두 번밖에 만나지 못한 목사님이지만

이윽고 천국에서 영원히 만나 뵈리
오사카로 이사하는 여동생이 신앙을 갖겠노라 눈물로 맹세하고
사업에 실패한 남동생과 맑게 갠 중추의 명월을 본다
가을밤, 악보를 못 읽는 어머니셨지만
조카딸의 하모니카를 부셨던 날을 추억한다
남동생의 직장을 생각하며 경제 불황이라는 텔레비전 뉴스를
오늘 아침도 보고 있다
그분의 뜻은 헤아리기 어렵구나
볼품없는 파꽃에도 배추흰나비는 날아드니
시력이 떨어진 목사님의 얼굴을 보며 나는 생각한다
처음으로 들었던 설교말씀을

# 하이쿠

눈보라 소리 들으며 어머니의 의사를 기다린다
아픈 어머니의 허리를 어루만졌던 눈 오던 밤
낮은 길어지고 식욕은 줄어드는 어머니가 슬픈
초봄이여 병든 어머니가 바라보는 금반지
어머니 가신 저녁 식탁에 미나리 향기로구나
감기 걸린 목사님의 찬송가가 잠시 끊기고
영춘화여, 어머니의 죽음을 모르는 소식이 왔다
귀퉁이 닳은 돌아가신 어머니의 지우개, 봄날의 화로
수선화여, 기도는 응답되지 않고 돌아가신 어머니
봄추위여, 아버지 어머니는 가시고 나는 남았다
봄빛이여, 눈물이 빛나는 가신 어머니의 친구여
황혼이여, 조카딸의 오르간, 봄의 노래여
어머니 가시고 50일째구나 살구꽃이여
봄날의 꿈에 가신 어머니가 내 시구를 적고 계셨다
꽃샘추위여, 가신 어머니께 동창회 초대장이 도착하였다

선잠 든 조카딸의 옷에도 봄의 흙과
살구꽃, 돌아가신 어머니와 들었던 목사님의 설교 테이프

꽃샘추위여, 나 때문에 어머니는 일찍 가셨느냐
황혼이여, 조카딸이 주워 온 봄의 돌멩이
날아오르는 종다리, 아침 해에 빛나는 먼 안테나
어린 감잎, 2년 반 걸려 다 읽은 책
민들레여, 들에 가고 싶으냐고 조카딸이 묻는다
비료 주던 어머니는 가시고 피는 목련꽃
햇차가 향기롭구나 사모님 읽으시는 〈시편〉
수금원이 돌아가신 아버지의 목련을 칭찬하고 간다
어버이날이여, 그저 면목이 없다
어버이날이여, 돌아가신 어머니가 밑줄을 긋던 성경구절
하나하나에 가련한 이름 있는 들꽃이구나


1975. 6~7
야생붓꽃의 보랏빛, 돌아가신 어머니가 좋아하는 고을
장마철, 조간의 시구를 읽었다
새삼스레 돌아가신 아버지가 그리워지는 개똥벌레로다
남동생과 목욕탕에 들어가니 천둥소리 들리는구나
고사리 캐러 형과 함께 갔던 산길
장마 멈추니, 고양이 걸어가는 기와지붕
소꿉놀이의 과일가게에는 떨어진 살구
고요하니 장미 향기에 고개를 끄덕였다
차게 식힌 푸딩 조카딸들과 함께 먹었다
시원한 바람이 이따금씩 넘겨대던 달력

# 맺음말 - 보충기록
## 《네 몸을 주께 맡겨라》가 나오기까지

> 내가 천국으로 불려 갈 때까지 / 어머니, 아프지 않으셨으면 / 건
> 강하셨으면 / 그렇지 않으면 난 / 성경도 공부하지 못하고 / 편지도 붙
> 이지 못하고 / 시를 짓지도 못하고 / 살 수 없어요

미즈노 겐조 씨의 첫 시집 《내 은혜가 네게 족하다》에 실린 〈어
머니날에〉라는 시다.

겐조 씨의 간절한 기도에도 어머니 우메지 씨는 첫 시집이 완성
된 지 1주일 후인 1975년 3월 2일에 그의 첫 시집을 안고 하늘나라로
가셨다.

주님은 이후에도 겐조 씨를 도와주셨다.

손의 자유를 완벽하게 빼앗긴 겐조 씨의 성경은 어린 조카딸이
한 장 한 장 넘겨주었다. 겐조 씨의 눈 깜박임을 해독하고 기록하는
역할을 동생 테츠오 씨의 부인인 아키코 씨가 성공적으로 맡아 어머

니 우메지 씨의 의지를 이어 주었다. 일상을 돌봐 주던 테츠오 씨는 사업 실패와 자신의 변함없는 육체적 고통에도 겐조 씨의 어려운 점을 물심양면으로 보살펴 주었다. 겐조 씨는 보통 사람과는 다른 괴로움을 극복하고 주님과 동행함으로 반짝이는 기쁨 가득한 나날을 보내고 있다.

3년 전쯤에《내 은혜가 네게 족하다》 출판에 소소한 도움을 주셨던 에노모토 목사님도 남미로 전도여행을 가는 도중, 병에 걸려 작년 7월 27일 로스앤젤레스에서 소천했다. 출발 직전에 나가노 현 사카키의 겐조 씨를 방문하고 돌아왔을 때, "겐조 씨, 건강했어. 시도 여전히 짓고 있었고. 2집도 문제없이 나올 거야"라고 말한 것도, 마치 어제처럼 생생하게 기억난다.

미즈노 겐조 씨의 시집 탄생은 뭔가 눈에 보이지 않는 커다란 힘에 이끌리고 있다는 생각이다. 첫 시집이 나오기까지 그 진행의 흐름을 알고자, 두 번째 시집의 권말에도 첫 번째 시집에 수록된 에노모토의 '맺음말'을 그대로 게재하였다(편집자 주—중복을 피하고자 이 책에서는 이것을 생략하였다).

저자가 경애하는 미우라 아야코와 다카하시 사부로 목사님께 감사드린다.

《미즈노 겐조 시집》의 큰 흐름을 보다 풍성하게 여겨 주시고 머리말을 흔쾌히 집필해 주신 것에 감사드린다.

1978년 7월 16일

今ある

神

3

나의 나 된 것은
하나님의 은혜라

사카키에 있는 미즈노 겐조 시비

# 하나님의 품 안에서
# 쉬는 기쁨

— 미우라 아야코

작년에 나는 마츠모토에 강연하러 갈 예정이었다. 그 일정 중에 미즈노 겐조 씨 댁을 방문하려고 했지만, 안타깝게도 나는 큰 병에 걸려서 강연도 집 방문도 단념할 수밖에 없었다.

나는 그간 강연을 하며, 미즈노 겐조 씨의 신앙을 얼마나 여러 번 사람들에게 이야기했던가. 누워 있기만 한 겐조 씨는 손발은 물론 입도 움직일 수 없다. 이 미즈노 겐조 씨가 자신의 신앙을 시로 짓고, 노래로 읊었다. 그저 눈 깜박임만으로 자신의 의사를 표현하는 그가 주를 찬양하는 시가를 짓는다. 오십음도표를 가족이 가리킨다. 그 손끝을 보고 눈을 깜박인다. 어떤 때에는 오십음을 귀에 들려주면 표현하고 싶은 음의 주변에서 깜박인다. 그것을 종이에 받아 적어 시가 되고, 노래가 된다. 만약 우리들이 '하나님神[カミ], 카미'이라는 단어를 쓰고자 하면, 불과 1, 2초면 가능하다. 하지만 그의 경우에는, 아카사타나의 '카ヵ'에서 깜박이고, 아카사타나하마의 '마' 행에서 깜박이고, 그 행의 '미ミ'에서 다시 깜박이는 과정을 통해서 처음으로 '하나님'이라는 글자가 완성된다. 그러나 이 '하나님'도 같은 글자를 사용하는 '머리카락髮'인지, '종이紙'인지 '위上'인지, 필기자는 전후 단어들을 통해서 판단하지 않으면 안 된다.

이렇게 생각해 보면, 나는 겐조 씨의 시가 탄생하는 것에 매번 경탄하지 않을 수 없다. 그것은 대단히 강한 신앙과 의지가 아니고서는 할 수 없는 것이다. 아무리 노래하고 싶어도, 아무리 읊고 싶어도, 눈 깜박임 외에 자신의 의지를 표현할 다른 수단이 없다면, 사람들은 대부분 거기서 먼저 체념하고 말 것이다. 겐조 씨가 포기하지 않았던 것은 많은 사람에게 하나님의 사랑을 전하고 싶어서이다. 그것을 무엇보다도 강하게 바라고 있었기 때문이다.

그러나 가족의 따뜻한 사랑이 없었다면, 아무리 그가 넘치는 생각을 글로 지어내고 싶어도, 그것은 불가능한 것이었다. 말하자면, 그의 시가는 그의 신앙과 시상詩想 그리고 가족의 넘치는 사랑으로 피어난 것이다.

내가 이러한 이야기를 강연 중에 전하는 것만으로도 사람들은 모두 감동을 받는다. 특별히 고난 중에서 허덕이고 있는 사람들에게 그의 삶은 참으로 큰 위로가 되고, 힘이 되며, 희망이 된다. 또 건강한 몸을 갖고 있지만 전도를 게을리하는 신자들에게는 이 이야기가 큰 교훈이 된다. 인간의 한계를 간단히 결정하는 나는 그의 삶을 통해 나 자신이 먼저 힘을 얻고 감동하게 된다.

나는 그런 이유로 꼭 한 번 겐조 씨를 방문하고 싶다고 생각했다. 그를 둘러싼 가족의 사랑도 느껴 보고 싶었다. 그 바람이 이루어지기도 전에, 그의 세 번째 시가집이 나오게 되었다. 어떻게 이렇게 지치지도 않고, 퐁퐁 솟아나는 샘처럼 시를 지어낼 수 있을까. 그것은 그가 하나님의 품에서 평안한 기쁨을 진실로 알고 있기 때문이 아닐까. 나는 그의 신앙 앞에 깊이 머리를 숙인다.

부디 이 책이 괴로움 당하고 있는 사람들에게 힘이 되고, 이 나라 구석구석까지 읽어지기를 진심으로 기도할 수밖에 없다.

1981년 6월

# 내 영혼아 잊었는고

내 영혼아 잊었는고
내 영혼아 잊었는고
자비가 넘치는 주 예수와
처음 만났던 그날을

내 영혼아 잊었는고
내 영혼아 잊었는고
가진 것에 만족하지 못하는 나를 보시며
내 이름을 부르셨던 그 음성을

내 영혼아 잊었는고
내 영혼아 잊었는고
슬픔으로 차가워진 마음이
기쁨으로 뜨거워졌던 그때를

내 영혼아 잊었는고
내 영혼아 잊었는고
다른 곳에서 얻을 수 없는 진실한
사랑과 평안이 있는 그의 곁을

# 잘 들어라

장미꽃을 자르는
가위 소리
어머니를 부르는
어린아이 소리
먼 곳에서 우는
뻐꾸기 소리

내 귀야
내 마음아
잘 들어라
주의 음성을

# 나사렛 마을

목수일로
지쳐 돌아온
예수님을
위로하는 것은

저녁 바람에 흔들리며
향기 내며 핀
들꽃

저녁밥을 지어
기다리고 있는
어머니 마리아의 사랑

# 에노모토 목사님

아침의 상쾌함이 들려온다
까마귀 소리
아침의 푸르름을 본다
나팔꽃
아침의 조용함을 묵상한다
하나님 말씀

1년 전에
하늘로 불려 가신
에노모토 목사님이
즐겨 외우셨던
지금 여기 있음은 하나님의 은혜

# 그저 기도할 수밖에

3년 전에
사랑하는 남편을
아버지를
하늘로 보낸 것을
오늘 알았습니다
그 슬픔이
내 마음에도 가득 넘칩니다

오늘 네 살 된
아이를 맡기고
회사로 일을 다니며
조용히 살고 있는 것이
눈에 떠올랐습니다

주여 사랑의 손으로
위로하여
주시옵소서 라고
그저 기도할 수밖에

# 내 마음에는

이웃에서
전해 준
갓 딴 가지가
식탁에
친구가
전해 준
갓 딴 도라지가
토코노마* 위에

내 마음엔
내 마음엔
그리스도의 사랑이

* 일본식 건축 구조에서 족자와 화병을 두는 방의 한 켠

# 어린아이처럼 될 수 없었습니다

주여 주의 말씀을 들었는데
어린아이처럼 될 수 없었습니다
내 마음에 오늘도
맑고 또렷한 말씀을 이야기하소서

주여 주의 마음을 알았지만
어린아이처럼 될 수 없었습니다
내 마음에 가까이 오셔서
신비한 주의 마음을 나타내소서

주여 주의 은혜를 누렸는데도
어린아이처럼 될 수 없었습니다
내 마음을 주시하셔서
이끄심의 은혜를 내려 주소서

# 카즈히데 군

오른쪽 눈만 보이는 카즈히데 군
치쿠마 강 근처에 피어 있던
들꽃을 보았는가

소아천식인 카즈히데 군
괴로울 때 슬플 때
들꽃을 피게 하신
사랑의 하나님을 올려다보아라

# 들국화(1)

작고 작은
들국화에
감동 받는 이유는

서리 예보가
뜬 저녁에도
하나님께
내어 맡기어
가련하게 피어 있기에

# 불안

아무것도 들리지 않는
밤
아무것도 보이지 않는
밤
어둠
주여
불러 주소서
불러 주소서
나의 이름을

# 내 마음

가을비에 젖은
새시 창가의
노란 꽃은
아무리
가까워도
향이 안 나지만
내 마음에는
상냥하게 향이 나
조카딸이 처음으로 만든
조화造花

# 올해야말로

비둘기 떼가
날아간다
새시 창가에는
눈이 격하게 내린다

올해야말로
올해야말로
올해야말로 라고
작고 작은 나도
기도하며 구한다

다툼이 끊이지 않는
이 세계에
참 평화가
사람들의 마음에
참 사랑을

# 기도

어머니가
하늘로 불려 가신 지
네 번째
3월의 아침

어머니의
기도는
아직 들리지 않는다

나도
기도한다
어머니처럼

# 바랜 사진

서랍 구석에서
나온
바랜
사진 한 장

뇌성마비라는
괴로움도 슬픔도
아직 모르던
내가 있다

사진관으로
데려가셨던
젊은 부모님의
기도가 담겨 있다

# 슬퍼하는 사람아

마음 올곧은 예수님이
체포당하셨다고
슬퍼하는 사람아
이것이 하나님의 심정이라는 것을 알아라

사랑으로 풍부한 예수님이
사형당하셨다고
슬퍼하는 사람아
이것이 우리의 구원을 위해서라는 것을 알아라

힘이 넘치는 예수님이
묻히셨다고
슬퍼하는 사람아
이것이 죽음을 굴복시키기 위해서라는 것을 알아라

# 참새

눈으로 덮인 정원에
두 장의 낙엽이
춤추며 내려온다

목소리를 내지 마
소리를 내지 마
유리문으로
살짝 들여다봐

# 욥과 같이

하나님이
두 조카딸을
주셨다

하나님이
아버지와 어머니를
하늘로 부르셨다

욥과 같이
욥과 같이
하나님의
이름을 찬양한다

# 스며든다

지붕에 쌓인 눈을 녹이는
따뜻한 햇빛에도
〈요한복음〉을 읽기에는
지나치게 눈부시니까
장지문을 닫는다

눈이 녹은 물이
땅에 스며든다
주의 말씀이
내 마음에 스며든다

# 지지 마

북풍이 불어
눈이 내리기 시작했는데
하늘 높이 솔개가 난다

멀리 사는
동생과 가족들아
이 시련에 지지 마
하나님이
모든 것을 형통케
해 주실 테니까

# 어머니의 기모노

4년 전
하늘로 불려 가신
어머니의 기모노

제수씨가
다시 뜯어 꿰맨
어머니의 기모노

어느 봄날 밤
내가 입은
어머니의 기모노

# 이런 때

꽃망울이 핀
살구나무 가지에
가랑눈이 내린다
이런 때엔 곰곰이 생각하게 된다

모두가 싫어하고
돌아보지 않았던 자를
깊이 불쌍히 여기신
주의 사랑을

# 성령이여 역사하소서

몇 번씩 말씀을 들어도
이해를 못하는 그 친구에게
성령이여 역사하셔서
구원을 이루소서

점점 완고해져 가는
솔직하지 못한 마음에
성령이여 역사하셔서
그 바람을 이루소서

어떻게 해서도 나사렛 예수를
주라고 부르지 못하는 입술에
성령이여 역사하셔서
구원을 이루소서

# 아버지(2)

예순이 다 된 아버지가
자동차 학원에
나가셨다

면허증을 받았지만
한 번도 운전하지 못하시고
하늘로 불려가 버리고 마셨다

일기장에는
면허증을 따서
겐조를 태우고 싶다고
써 있었다

# 기쁨의 소리

아이들이
초봄의
표주박꽃에
기쁨의 소리를
내듯

그리스도의
깊은 사랑에
기쁨의 소리를 낸다

# 주여 주여

감꽃이
떨어지는 소리만 들린다
깊은 밤
괴로운 기침에
잠들지 못한다

주여 주여
당신도
일어나 계시는 거죠

# 목사님(1)

장마로 시작하는 아침
하늘에 불려 가신
목사님

신체장애인 나에게
복음을 전해 주신
목사님

눈도 발도
자유롭지 못하게 된
목사님

고마워요 고마워요
목사님
안녕히 가세요 안녕히 가세요
목사님
천국에서 만나요
목사님

# 주 뜻대로

이 길을 가고 싶다고 기도했지만
주 뜻 아니면 갈 수 없네
당신의 뜻을 이루신 주여
주 뜻대로 가게 하소서

시련을 피하게 해 달라고 기도했지만
주 뜻 아니면 피할 수 없네
당신의 뜻을 이루신 하나님
주 뜻대로 구하소서

어떻게든 살고 싶다고 기도했지만
주 뜻 아니면 살 수 없네
당신의 뜻을 이루신 하나님
주 뜻대로 살리소서

# 나의 것으로

아주아주 먼 옛날
병으로 신음하는 자에게
주가 하신 말씀
나의 것으로
지금부터 들려주소서

아주아주 먼 옛날
고독으로 괴로워하던 자에게
주가 보이신 사랑
나의 것으로
지금 베풀어 주소서

아주아주 먼 옛날
죄로 아파하던 자에게
주가 베푸신 구원
나의 것으로
지금 받아들이게 하소서

# 하나님

33년 전에
뇌성마비가 되었을 때
하나님을 원망했습니다

그것이 그리스도의 사랑에
닿기 위해서라는 것을 알고
감사와 기쁨으로 변했습니다

# 말씀

하나님
오늘도 말씀해 주세요
단 한마디뿐이어도 좋습니다

내 마음은
작아서
많이 주셔도
넘쳐 버려
아까우니까요

# 그리스도를 알기 위함이라는 걸 깨달았습니다

병으로 쓰러졌던 그때에는
눈물이 흐르고 슬펐지만
영의 아픔을 치유하시는
그리스도를 알기 위함이라는 걸 깨닫고
기쁨과 감사로 바뀌었습니다

친구에게 외면당하던 그때에는
밤에 잠들지 못할 만큼 원망스러웠지만
영원히 변치 않는 친구 되신
그리스도를 알기 위함이라는 걸 깨닫고
기쁨과 감사로 바뀌었습니다

실수했던 그때에는
마음이 혼란스러웠지만
모든 것을 속죄하신
그리스도를 알기 위함이라는 걸 깨닫고
기쁨과 감사로 바뀌었습니다

# 그러나 주여

몇 번씩 말씀을
읽고
듣고
묵상해도
납득하지 못하는 것이 있습니다

그러나 주여
당신의 사랑과 진실을
믿게 하여 주시옵소서

# 그저 기도할 뿐입니다

예수님의 탄생을
기뻐하며 축하하는 오늘 이 밤인데
세상은
굶은 예수님
아픈 예수님
슬픈 예수님
감옥에 갇힌 예수님

아무것도 할 수 없는 나는
그저 기도할 뿐입니다
그저 기도할 뿐입니다

# 생일

1월 2일
내가 이 세상에 태어난 지
43년
뇌성마비가 되어
자리에 몸져누운 지도
33년

그리스도의 사랑에
닿은 지
29년

이 세상에 머물 수 있는 게
앞으로 몇 년일지
아니 몇 개월일지

# 들국화(2)

조카딸들의 이야기를
들을 뿐 아니라
나도 이야기하고 싶다

길가에
가련한 들국화를
피우신
하나님 이야기를

# 기도하며 기다릴게

하나님이 사랑하시는 자여
시련의 폭풍이 지나가기를
뜻이 이루어지기를
기도하며 기다릴게
기도하며 기다릴게

하나님이 살리신 자여
놀라운 뜻을 나타내시길
나아갈 길을 열어 주시길
기도하며 기다릴게
기도하며 기다릴게

하나님이 지키시는 자여
천사의 나팔소리 울려 퍼지길
영광의 주 오시길
기도하며 기다릴게
기도하며 기다릴게

# 주님 곁

주님 곁은
따뜻한 햇살이 비추는 곳
고양이도 강아지도
모두 빨리 모여라

주님 곁은
따뜻한 햇살이 비추는 곳

# 찌르레기(2)

늦가을
차가운 비가
내리기 시작한다

나무에 열린 감을 먹으러 온
찌르레기야
차갑지
춥지

하나님
저에게도
시련을 견디어 낼 힘을
주시옵소서

# 누구보다도 깊이 더 깊이

누구보다도 깊이 더 깊이
슬픔을 맛보신 주 예수님
슬픔 속에 있는 친구를
사랑으로 위로하소서

누구보다도 깊이 더 깊이
가난함을 맛보신 주 예수님
가난 속에 있는 친구를
은혜로 가득 채우소서

누구보다도 깊이 더 깊이
괴로움을 맛보신 주 예수님
괴로움 속에 있는 친구를
주의 힘으로 구하소서

# 귤

바구니에 쌓인
귤은
사람의 마음과 얼굴처럼
서로서로 다르지만
하나님의
은혜 가득
쌓여 있다

# 가랑눈

때때로
내리는 가랑눈을
아무 걱정 없이
바라본다

때때로
내리는 가랑눈을
그리스도의 사랑을
곱씹으며 바라본다

# 주여

북풍이 불고
어두운 밤길을
오신 주여
제수씨는 외출 중이지만
두 조카딸이
끓여 준 따뜻한 차를
마시옵소서
주여
두 조카딸의
상냥한 마음을
축복해 주소서

# 눈에 보이지 않는

마음이 방황할 때에는
우리들 눈에는 보이지 않으나
우리들을 이끄시는
은혜가 깊으신 주의 손을 생각하라

마음이 주리고 마를 때에는
우리들 눈에는 보이지 않으나
우리들을 기르시는
은혜가 깊으신 주의 손을 생각하라

마음마저 지칠 때에는
우리들 눈에는 보이지 않으나
우리들을 돌보시는
은혜가 깊으신 주의 손을 생각하라

# 할아버지

눈 내리는 깊은 밤에
근처 공장에서부터
들려오는 기계 소리

예순을 넘긴
옆집 할아버지가
계속 일하고 계신다

전기담요 위에 자고 있던 나는
병든 할아버지를 위해
하나님께 기도드린다

# 흰 매화

몇 번이나 몇 번이나
북풍의 눈 속에서
피어 있던
흰 매화꽃

슬픔도
괴로움도
하나님의 사랑을
깊이 알기 위함이라고
속삭이는 듯하다

# 바로 가까이서

예수님의 이름을 부르자
바로 가까이서 바로 가까이서
예수님의 사랑으로 가득 찬
음성이 들렸습니다

깊은 어둠에서 손을 뻗자
바로 가까이서 바로 가까이서
예수님의 사랑으로 가득 찬
주의 손에 닿았습니다

눈물을 닦고 올려다보니
바로 가까이서 바로 가까이서
예수님의 사랑으로 가득 찬
모습이 보였습니다

# 머윗대(1)

눈 녹은 물에 젖은
머윗대의
상냥함은

차갑고 차가운
말을 들어도
쌀쌀하고 쌀쌀한
마음에 닿아도
웃을 힘이 있다

# 조금씩

조금씩 눈이 내린다
조금씩 살구 싹이 트고
조금씩 봄다워졌다
오늘은 어머니의 기일

조금씩 어머니를 떠올려 본
어머니의 얼굴에
조금 눈물이
조금 미소가

# 손과 발

아무것도 못해 주면서
그저 가끔 나를 괴롭히는
괴롭히기만 하는 이 손과 발도
소중히 여겨야지
소중히 여겨야지
하나님이
주셨으니까

# 초밥

히나마츠리<sup>ひなまつり</sup>*
전 날은
어머니의 기일입니다
어렸던 조카딸들도
중학교 1학년
초등학교 5학년이 되었습니다

어머니를 함께 떠올리며
조카딸들의 성장에 감사하며
제수씨가
초밥을 만들어 주었습니다

* 3월 3일에 행하는 여자 어린이의 건강과 행복을 빌기 위한 전통 축제다. 어린 딸을 둔 가정에서 실내를 히나 인형(사람 모양의 인형)과 특별한 장식품으로 꾸민다.

# 아버지(4)


사소한 일로
형과 말다툼하고
아버지께 혼났던 것이
눈이 내리던 어느 봄날 아침이었다

봄에 눈이 내릴 때마다
내 마음속에 되살아나는
아버지의 얼굴
아버지의 음성
아버지의 사랑

# 목사님(2)

전도를 하다 과로로
병들어 목사님이 쓰러지셨다고
인쇄된
엽서가 도착했습니다

문병을 위한
편지나 전화는
겸손히 사양하시겠다 하셔서
불안해졌습니다

뜻하지 않은
봄의 대설大雪에
더욱 더
불안해졌습니다

# 상처

33년간
누워만 지낸
내 이마에는
세 개의 상처가 있다
그 하나하나의 상처에는
아름다운 야산을
뛰놀던
추억이 있다

하나님이
허락해 주신
소중한
10여 년간의

# 제비

태어난 이곳을 잊지 않고
돌아온 저 제비처럼
주의 은혜를 잊지 않고
천국으로 돌아가게 하소서

남쪽 섬에서 방황하지 않고
돌아온 저 제비처럼
악의 꾐에 방황하지 않고
천국으로 돌아가게 하소서

무서운 바람에 휩쓸리지 않고
돌아온 저 제비처럼
엄습해 오는 시련에 쓰러지지 않고
천국으로 돌아가게 하소서

# 주께 받은 사랑으로

주께 받은 사랑으로
주께 받은 진심으로
격한 전쟁에서 도망쳐 온
저 사람들과 함께 살려 주소서

주께 받은 사랑으로
주께 받은 진심으로
병과 주림으로 쇠한
저 사람들과 함께 살려 주소서

주께 받은 사랑으로
주께 받은 진심으로
살고자 하는 희망조차 잃은
저 사람들과 함께 살려 주소서

# 다시

다시 만날 수 있을까
이젠 못 만날까

우리 집 정원에는
모란도 폈고
드디어 장미도 피어났다

다시 만날 수 있을까
이젠 못 만날까

# 향기(1)

정원 앞에서
풍겨 나는
서향瑞香의 향기가
예수님의
머리에 흘렀던
나도향유처럼
내 방에
넘칩니다

예수님께
죄를 용서 받은 여자의
기쁨의 눈물이
기쁨의 눈물이
내 마음에
넘칩니다

# 말씀하소서


주여
오시옵소서
이쪽 방으로
오시옵소서

조카딸들은
학교에 가서
동생은
납품하러 가서
저 혼자입니다

주여
말씀하소서
우리의 소망인
천국의 이야기를

# 시 노트

일로 바쁜 와중에 틈나는 대로
제수씨가 써 준
시 노트

주어 펼쳐서
읽어 주세요

이 시를 지었을 때엔
감기가 걸려 있었답니다

이 시를 지었을 때엔
목사님이 천국으로 불려 가셨을 때랍니다
이 시를 지었을 때엔
주의 가르침에 감동했던 그때랍니다

# 제일 먼저

감나무 잎사귀를
흔드는 바람이
시원한 아침

제일 먼저
들리는 것은
까마귀 울음소리

제일 먼저
보이는 것은
장미꽃

제일 먼저
생각하는 것은
하나님의 사랑

# 우표

조카딸들이
편지에 붙은
우표를
잘라내 모은다

굶주림과 병으로
힘들어하는
캄보디아 난민
어느 아이들에게
한 잔의 우유라도
한 조각의 빵이라도
한 알의 약이라도
보내고 싶어

조카딸들이
편지에 붙은
우표를 잘라내 모은다

# 모든 것을 알고 계신 하나님

모든 것을 알고 계신 하나님
저 친구의 고민과 슬픔을
깊이 이해하는 마음을
위로하는 사랑을 부어 주소서

모든 것을 알고 계신 하나님
저 친구의 아픔과 괴로움을
깊이 이해하는 마음을
격려하는 말씀을 부어 주소서

모든 것을 알고 계신 하나님
저 친구의 약함과 곤고함을
깊이 이해하는 마음을
충만한 힘을 부어 주소서

# 앨범

앨범 속에서
부모님의 음성이 들린다

시집간 동생의
행복을 바라는 말
어린 조카딸을
달래는 소리
그리스도의 사랑을
기뻐하는 노래
지체장애인 나를
염려하는 기도

앨범 속에서
부모님의 음성이 들린다

# 새롭게 감동시켜 주세요

아침 이슬을 머금고
피어 있는 보랏빛 용담꽃에서
하나님의 역사하심을 볼 때마다
새롭게 감동시켜 주세요

먼 동네에서 온
편지 내용에서 한 줄 한 줄씩
하나님의 사랑을 읽을 때마다
새롭게 감동시켜 주세요

우리를 구하기 위해
그 아들을 십자가에 못 박으신
하나님의 손을 알게 될 때마다
새롭게 감동시켜 주세요

# 흔들다

수세미 꽃을
살짝 흔드는
꽃벌레

단사쿠*를
이따금 흔드는
시원한 바람

내 마음을
오늘도 흔드는
그리스도의 사랑

* 풍경에 달린 종이

# 가을

가을 정원에는
가을 정원에 어울리는
코스모스가 피어

가을 하늘에는
가을 하늘에 어울리는
고추잠자리가 날아

가을의 고요함에는
가을의 고요함에 어울리는
지빠귀가 울어

나에게는
나에게 어울리는
하나님이 베푸신
이 지경地境

# 주 예수님을 끊임없이 생각하여라

아버지의 뜻대로
거룩한 그 보좌를 떠나
이 세상에 오신
주 예수님을 끊임없이 생각하여라

아버지의 뜻대로
세상에 있는 고민과 괴로움을
모두 맛보신
주 예수님을 끊임없이 생각하여라

아버지의 뜻대로
희생의 제물로
자신을 올려 드린
주 예수님을 끊임없이 생각하여라

# 배냇저고리

하나님의 아들을 품을 것이라
천사에게
전해 들은 마리아

마음속으로 외친다
엄마가 될 수 있도록
계속 기도하며
사랑과 진심을 담아
실을 뽑아
베틀로 베를 짜내고
꿰매어 만든
이 배냇저고리

# 사랑

눈
눈길
넘어짐

난로
팥죽
어머니

병
고통
절망

말씀
신앙
그리스도

# 올해도

새로 바른 장지문에
새날이 밝아 온다
1월 1일 아침
가족과 함께
떡국을 먹는다

주여 당신도
떡국 좀
드세요
올해도 부디
잘 부탁드립니다

# 들국화(4)

내일
걱정
불안

길가
양지
들국화

하나님
신뢰
평안

# 언제나 기도하고 있어

초겨울 찬 바람이 불 때
장미꽃을 들고
만나러 와 주었던
어린 시절부터
병으로 괴로웠던 소년과
그의 가족

말을 할 수 없는 나는
마음속으로 되뇌며
주를 바라보며
괴로움에 지지 마
슬픔에 지지 마
언제나 기도하고 있으니까
천국에 가서도

# 내 마음아

여느 해보다 빨리
서리가 내렸다
초겨울 찬 바람이 분다
예전보다 추운 겨울이라는
일기예보

추운 밤
기침
경련
괴로움으로
걱정하는 내 마음아
견디어 낼 힘과
피할 길을
준비하신
하나님을 바라보아라

# 눈길

아버지와
가이타海田* 눈길
어머니와
걸었던 눈길
형과
놀았던 눈길
그것들 모두
멀고 먼 눈길

지금은 주 예수님과
지금은 주 예수님과
함께하는 눈길

* 일본 혼슈 주고쿠 지방 히로시마 현에 있는 정(町)이다.

# 별자리

걷지 못하는 나는
아버지께 안기어
올려다보았다
눈 온 뒤 갠 하늘에는
하나님의
놀라운 사역인
겨울 별자리가
아름답게 빛나고 있다

13년 전에
아버지는 돌아가셨지만
오늘 밤도
겨울 별자리가
아름답게 빛나고 있다

# 쇠박새

눈으로 하얗게 덮인
산에서 내려온
쇠박새
재빠르게 움직인다
그 아름다움
그 상냥함에
무심코 속으로 말한다
하나님
감사합니다

# 기도

백로가 우는
11월 어느 좋은 날
무를 씻고
노자와나*를 절여
배추를 말리어
가족을 생각하는
제수씨의 겨울 준비

가족 한 사람 한 사람이
이 겨울도
건강하게 지낼 수 있도록
하나님께 기도드린다

* 절임반찬의 종류

# 새벽을 기다린다

이가 아픈 밤
기침 나는 밤
경련이 일어나는 밤에는
새벽이 몹시 기다려진다
이제 5시간
이제 4시간
이제 3시간이라고
새벽을 기다린다
주님을 외치며
아침의 빛
참새 소리를 기다린다

# 머윗대(2)

눈이 녹은
둑길에
머윗대가
얼굴을 내미는
그 순간을
한번이라도
보고 싶다

# 붙들리어

내일은
어머니 기일

어머니가 돌아가시면
살 수 없을 거라고 생각했었는데
그로부터 벌써 6년

가족의
상냥함에 붙들리어
많은 분의
기도에 붙들리어

# 서향나무꽃 향기

마당 어두움에서
그저 매달려 있는
서향나무꽃 향기

눈에는 보이지 않지만
나를 품으신
그리스도의 사랑

# 기모노

전기부품
일하는 틈에
제수씨가
지어 준
플란넬 기모노

어머니가 하늘로 가시고 나서
여섯 벌째 기모노

기침이 줄어들고
2주 만에
동생이 목욕을 시켜 주고
입혀 준 기모노

# 탕약

기침 멈추는 약을
아무리 마셔도
깊은 밤 괴로운 기침은 멈추지 않는다
기침에 잘 듣는
모과를 달여 준
옆집 아주머니는
어머니와 차를 마시던 친구셨다
허리는 조금 굽으셨지만
아직 한참 건강해 보이신다

아주머니의 배려와
하나님의 은혜를
따라 마신다

# 내 평생의 소원

1. 고맙습니다 라고
소리 내어
엄마에게 말하고 싶습니다

2. 감사합니다 라고
소리 내어
나를 찾아오는 분들께 말하고 싶습니다

3. 하나님 아버지 라고
소리 내어
크게 불러보고 싶습니다

# 단가

1978
여동생이 새해 선물로 사다 준 《빛이 있는 곳에서》를
초여름에 읽었다
내 방 구석구석까지 아침 바람과 갓 핀 장미 향기가
붓꽃에는 붓꽃의, 장미에는 장미의 잎을
하나님의 솜씨라 생각하며 본다
제수씨가 장미를 자르는 소리도,
장마 그친 고요한 아침은 상쾌하고
부는 바람에 백합 향기 섞인 아침은 주의 사랑을 보이는 듯하다
가볍게 건네는 가족들의 말이 내 가슴에 스며들었다
하나님의 깊은 긍휼
뻐꾸기 우는 새벽녘에 남동생은 전기 부품 일하고 있구나
뇌우도 비도 사라져 가고 산비둘기가 울고
주를 생각하는 저녁이 되었다
장마가 그친 상쾌한 아침, 이웃에게 처음 난 가지 두 개를 받았다
그분의 뜻은 알지 못한 채로 서늘한 바람에
쏙독새 우는 깊은 밤이 되었다
여름 하늘에 떠오른 구름은 어머니의 얼굴,

우는 얼굴이 허물어져 웃는 얼굴이 되었다
말씀 전하는, 지금은 돌아가신 목사님의 테이프를 들으면
여름 구름이 눈에 스며든다
천식으로 고생하는 꼬마야,
들꽃을 피우시는 그분의 사랑을 잊지 말아라
사마리아에서 물을 구하던 주를 생각하며,
조카딸들과 팥빙수를 먹었다
여동생의 소식 기다리려니, 무언가 속삭이는 듯 귀뚜라미가 울었다

오랜만의 가을비에 젖은 내 방에 허무하게 돌아온 나의 편지
구름국화 은은히 향기로운 초가을, 마음에 스미는 한 장의 엽서
숙제하고 있던 조카딸이 시끄러운 파리 한 마리를 때려 주었다
아버지 가신 후에 태어난 아홉 살 조카딸이
아버지가 심으신 감을 먹는다
풀뿌리에 벌레 우는 해 질 녘,
내 시를 읽으러 멀리서 오신 한국의 목사님
헤아릴 수 없는 하나님의 역사를 생각하며
한국어로 된 내 시집을 남동생과 본다
서리 예보가 있던 저녁도 하나님께 다 맡긴 들국화꽃아
사이좋은 두 조카딸과 집을 보려니,
국화 피어 향기 나는 결혼하기 좋은 날
하나님의 사람을 사랑하시는 그 사랑 받아 살아가며,

어제도 오늘도 국화를 받았다

남동생이 따 온 감에는 각각 다른 마음이 있는 것처럼 보이고

아시아의 가난한 어린이들을 위해서라며

조카딸이 오래된 우표를 잘라내는 만추의 밤

바랜 사진 속의 나는 아직 모르는 뇌성마비의 고통과 괴로움

감잎 춤추며 떨어지는 내일 아침,

새로 산 신약성경을 처음 읽을 것이다

작년 크리스마스 예배 때 목사님의 테이프를 듣는 고요함에

때까치 우는 소리

세 권의 설교집이 도착했단다 내리닫이 창에 겨울의 노을

창유리의 눈 녹은 물에 코 푸는 휴지로 눈물을 닦는

어머니의 그림자

말씀을 듣는 귀를 가진 행복, 난로를 피우게 하는 오늘 아침의 추위

초겨울 바람 소리가 쓸쓸한 한밤중에는

끊임없이 떠오르는 말씀이 있고

설날에 떡국을 먹으며 생각하는 아버지 어머니의 얼굴

여러 장의 연하장 중에 새봄의 성경강습회원들이

함께 써 보낸 엽서가 도착했다

빈곤에 고생했던 날을 웃으며 이야기하는

목사님 내외의 백발이 늘었고

겨우 감기가 나아 남동생이 목욕 전에 머리카락을 깎아 주었고

진실 없는 세상을 슬퍼하며 엷은 눈이

살구꽃 봉오리에 내리는 것을 보고 있었다
투병 일기를 읽어 보아라 간단히 자신의 목숨을 끊는 젊은이여
그리스도를 바라보며 병과 싸우는 일기를 읽으니 봄눈이 내린다
내 시가詩歌를 적기 위해 어머니가 쓰셨던 낡은 사전을
조카딸도 썼다
봄눈 내리는 해 질 녘에 머위 꽃줄기 4년 연속해서 보내 주시고
봄눈 내리는 마당 저쪽에 집 짓는 두 마리의 참새가 내려앉는다
제수씨가 먼지를 터는 창가에 빨강과 노란색의 튤립이 핀다
옛날 일 이것저것 생각하는 내 가슴에 타이른다
모든 것은 그분의 뜻이라고
고운 꽃 피어 향기 나는 나사렛 마을 소년 예수도
풀피리를 불었을까
부활하신 그리스도를 생각하며 은은히 향긋한 쑥떡을 먹었다
신선한 야채샐러드와 향기 좋은 쑥떡을 먹는 부활절이로구나
제수씨가 꺾꽂이한 야생붓꽃을 괴로운 기침 사이사이에 본다
무더운 장마가 갠 일요일,
목사님도 앓아 누우셨다는 소식을 들었다
몸이 불편한 나에게 복음을 전해 주신 목사님은
장마가 끝나던 날 아침에 돌아가셨다


돌아가신 목사님이 이 마을에 뿌리신 복음의 씨앗아
싹을 틔우고 열매를 맺어라

현관문이 열리면 목사님이 오실 것 같은,
소천하신 지 한 달도 안 된 날
소란스런 이 세상을 떠나 하나님 음성 듣고 기도하는 것처럼
산비둘기가 운다
열두 살에 아버지를 잃은 제수씨의 추억 얘기 들으면 눈물이 고인다
남은 날들을 소중히 살아가고 싶구나
병실 창에 무리 지어 나는 고추잠자리야
가을가지 튀김을 먹으며
그분의 이름으로 인해 박해받은 사람들을 생각한다
마당 구석의 하얀 소국을 제수씨가 심었다는
오늘은 아버지의 기념일
따스한 가을볕 기뻐하며 고추잠자리는 세탁한 내 옷에
조카딸들이 야생국화 이야기하는 것을 듣지만 않고
나도 이야기했다
다 핀 작은 화분의 용담을 차가운 비가 세차게 때리고
낙엽을 쓸어내는 포근한 초겨울 날의 고요함에
소리개 모자가 울어댄다
자전거를 도둑맞은 조카딸이
초겨울 바람 부는 역 앞으로 찾으러 갔다
풍랑을 바라보며 주여 하고 소리쳤던 베드로처럼 나도 소리쳤다
남천촉 열매가 물들고 강림절에 착불 소포가 도착했다
하늘로 돌아가신 목사님께 받은 아름다운 달력이

이제 한 장 남았다
미닫이문 너머 겨울 햇살 포근하니 병든 방에서
코비호胡美芳 씨가 노래를 불러 주었다
남천촉 열매 붉은 마당에서 제수씨가 조카딸의 머리칼을
가지런히 잘라 주었고
난롯불 따뜻한 밤 빨대 달린 잔에 담긴 칼피스를
조카딸이 마시게 해 주었고
하와이에서 온 크리스마스카드를
북풍이 병실 창을 두드리는 아침에 읽는다


1980
남동생이 가지를 친 감나무에 눈발이 날리고 참새가 울었다
조카딸이 종이로 접은 생일축하 공 장식품이 부드럽게 춤춘다
몸 상태가 좋지 않은 올해는 새삼
살구꽃 피는 봄이 몹시 기다려진다
집 앞에 놓인 조카딸의 새 자전거에 눈이 날아 내린다
몸이 불편한 나 때문에 가족들이 고생하는 날들도 새삼 생각난다
개불알풀에 봄눈이 내리고,
과로로 목사님이 쓰러졌다는 엽서가 도착했다
그리스도의 수난을 녹음테이프로 배우며
병으로 쓰러진 목사님을 생각한다

제수씨가 공주 인형 장식을 마치고
어머니를 그리며 초밥을 만들었다
서향나무 향기 나는 해 질 녘, 남동생이 일하던 중에
내 머리카락을 잘라 주었다
피기 시작한 살구꽃에 비가 내리고, 조카딸은 새 교과서를 읽는다
장보는 김에 사 온 꽃씨 제수씨가 내 방 창가에 뿌린다
다시 사신 그리스도를 생각하면서,
돌아온 제비를 병실 창으로 본다
학교에서 돌아온 조카딸이 꺾어 온 네잎클로버를 편지에 넣었다
아파 누운 나에게 보여 주겠다고 등꽃,
산채를 뜯어 온 남동생 가족이
막 싹을 틔운 해바라기,
하늘빛의 박쥐우산을 쓴 조카딸이 보고 있고
어버이날 라디오를 들으면
그리스도를 믿으며 돌아가신 어머니의 이런저런 것들
일만 하는 남동생이 분재의 화분을 사러 간 장미가 피는 아침
목사님에게 세례를 받는 여윈 아버지,
조카딸들이 보고 있는 앨범 속에 계시네

〈주기도문〉 해설서를 읽고 있으면 이따금 감꽃이 떨어진다
멀어지는 야간열차, 어머니 가시고 5년은 오지 않은 형을 생각한다
장애를 슬퍼하는 나에게 그리스도를 전해 주신 목사님은

아직 젊었는데

눈도 발도 늙은 목사님은 갈 때마다 손녀딸 자랑

씨를 뿌린 조카딸의 키를 넘어 해바라기가 피는 종전기념일

치과에 못 가는 나는 진통제를 오늘밤도 마시며

하나님께 기도한다

귀뚜라미가 올해에도 우니,

밤늦게까지 책을 읽으시던 아버지의 그림자

줄줄이 엮인 수세미 덩굴을 제수씨가 자르니

커다랗게 보이는 노을진 하늘

그리스도 사랑의 평안을 느끼며 국화 향기에 싸여 잠든다

낙엽 태우는 연기 곧게 피어오르는 아침, 어머니께 전하고 싶다

이 기쁨을

겨울의 장미를 보며 하나님께 기도한다

눈 수술을 하는 소년을 위해

죽고 싶다고 생각한 적이 있느냐고 조카딸이 물었던 초겨울의 밤

어머니도 언젠가는 죽는 몸이라는 것을 알게 되었던

초겨울의 밤을 지금도 잊지 못한다

그분의 솜씨인 겨울 별자리를

지금은 돌아가신 아버지께 안겨 올려다본 날이여

기침이 나고 경련이 일어나는 추운 밤 생각하면 마음이 떨려 온다

농가로부터 받은 사과는 들새에 여기저기 쪼여 있고

따뜻한 주의 품에 안겨, 제라늄과 함께 봄을 기다린다

심한 기침에 눈을 떠보면 딱따기를 치며 야경꾼이 지나간다


1981

오리온이 빛나는 깊은 밤, 공장 일을 시작하는 기계 소리가

가랑눈에 기억을 더듬으면 지금은 돌아가신 아버지와

정월에 영화를 보러 갔었다

진통안정제와 기침약을 먹으며 종달새 우는 봄을 기다린다

북풍 속에 돌아온 조카딸 둘과 사진을 찍은 따뜻한 방

주의 사랑 전해 준 목사님의 사진은

병에서 나은 부드러운 웃는 얼굴

지붕의 눈은 녹지도 않았는데 또다시 눈이 내리고,

수술을 한다는 여동생의 전화

수술 경과는 좋다고 하는 여동생의

세로로 쓴 엽서를 병상에서 읽는다

눈 녹는 저녁 길을 남동생이 딸을 데리고 슈퍼에 간다

내 방에서 겨울을 지낸 금붕어 한 마리가 죽었다.

물이 따뜻해지는 오후에

봄방학, 조카딸 둘이 시가를 오랜만에 받아 적어 주었고

갔던 적은 한 번도 없는데, 집회에 아버지와 함께 간 꿈을 꾸었다

말로는 표현할 수 없는 하나님의 은혜와 사랑, 들에 피는 꽃이

# 맺음말

- 다나카 츠네오

겐조 씨가 또 훌륭하고 풍성한 신앙의 시를 많이 지어 주셨다.

겐조 씨의 시를 읽고 있으면, 여러 가지 인간적인 생각으로 시끄러웠던 내 마음속이 어느 순간엔가 하나님이 바로 옆에서 침착하게 정돈해 주시고, 하나님의 뜻 안에 안겨 있음을 체험한다. 그것은 겐조 씨의 매일이 하나님과 잠잠하게 묵상하는 아침부터 시작하기 때문일 것이다.

조용한 아침 이 하루의 / 은혜를 기도하면 / 내 마음에 넘쳐 온다 / 주 예수의 평안함이

올해에도 매일 아침 / 어머니의 성경을 / 한 페이지 한 페이지 넘겨 / 하나님 아버지의 / 새 힘 / 새 희망 / 새 기쁨을 받자

이 세 번째 시집 제목으로 미루어 보아도 이것은 겐조 씨 그 자신의 희망이다.

아침의 상쾌함이 들려온다 / 까마귀 소리 / 아침의 푸르름을 본다 / 나팔꽃 / 아침의 조용함을 묵상한다 / 하나님 말씀 / 1년 전에 / 하늘로 불려 가신 / 에노모토 목사님이 / 즐겨 외우셨던 / 지금 여기 있음은 하나님의 은혜

아침의 조용함 속에서 말씀을 묵상할 때, 겐조 씨는 첫 시집을 세상에 낸 고 에노모토 목사님과 함께 종종 즐겨 외우던 성경구절(고린도전서 15:10)을 떠올린다. 에노모토 목사님과 함께 매일 비슷한 시간에 아침 묵상하는 생활을 해 오고, 또한 그것을 전 세계 그리스도인에게도 권하는 아슐람 운동에 생명을 바치는 것도 생각해 볼 수 있을 것이다. 그 시집을 읽어 주신 분이 한 명이라도 더 많아져, 아침의 잠잠함 속에서 말씀을 묵상하는 생활에 이끌린다면, 겐조 씨뿐 아니라 하늘에 계신 에노모토 목사님도 매우 기뻐할 것이다.

이 세 번째 시집은 다카하시 목사님의 소중한 섬김으로 나오게 되었다.

하나님의 크고 알 수 없는 인도하심에 따라 올해 2월, NHK 교

육TV는 다카하시 목사님의 해설로 〈생명의 노래−미즈노 겐조 씨의 세계〉를 방영하여 큰 감동의 반향을 이끌었다. 이것을 계기로 다카하시 목사님은 아슐람센터에 세 번째 시집 출판을 재촉해 주셨다. 우리들은 하나님의 이끄심과 믿는 기쁨으로 그 일을 받았지만, 겐조 씨의 노트에서 원고지로 정리하여 옮기고, 편집하는 그 외 모든 일을 다카하시 목사님께 부탁드렸다. 바쁘신 중에도 목사님은 흔쾌히 이를 승낙해 주셨고, 그 신앙과 사랑과 열정을 부어 짧은 시간에 이런 훌륭한 시집을 마무리해 주셨다. 특히 목사님이 써 주신 해설은 너무 훌륭하여, 얼마나 큰 은혜인지 모른다. 이것을 통해 우리들은 겐조 씨의 생애와 신앙 등을 밝히 알고, 먼저 나온 두 시집을 다시 읽게 하여, 새로운 이끄심을 받아들이게 되었다. 다카하시 목사님께 정말 감사드린다.

미우라 아야코 선생님도 바쁘신 중에, 이번에도 겐조 씨를 향한 깊은 사랑과 이해가 넘치는 서문을 써 주셨다. 선생님께도 진심으로 감사드린다.

마지막으로, 에노모토 목사님의 소천 기념일에 출판될 수 있도록 많은 노력으로 협력해 주신 호시노 히로이 씨, 요시즈미 히로시 씨와 삼화인쇄에도 진심으로 감사드린다.

# み国を

그 시의 소전 소식을 알게 되었을 때 나는 정말로 이 보물을 잃은 고요하고도 적적함을 느꼈다. '보물을 잃어버렸다. 보물을 잃어버렸다'라고 나는 어린날 위...일한 사람의 도움 없이는 ...지를 전달할 수 없다 하더라도 '이 마을의 보물인 나'라는 말을 들을 수 있는 존재가 되자는 것은 즉 인간 본래의 위한 삶이...를 할 수조차도 진실로 전도에 필요한 것은 아니었다. 물론 그것들은 중요한 것임에 틀림없다. 하지만 그것 이상으로 중요한 것을 우리들은 갖고 있었다.

# 저 천국을
# 향하여

미즈노 겐조의 고향에 있는 하천

# 머리말

                          ― 미우라 아야코

    미즈노 겐조 씨의 소천 소식을 나는 《신도의 친구》 편집부를 통해 전해 들었다. 가족 중 누군가의 죽음을 들은 것처럼 큰 충격이었다. 겐조 씨의 그 훌륭한 첫 시집 이후, 그는 내 마음속 한 부분을 차지했다.

    딱히 특별하게 편지를 주고받거나 한 것도 아니었다. 눈에 띄었던 것도 아니다. 그 시집을 통한 것 외에는 관계가 거의 없었음에도 언제부턴가 그는 내 신앙생활에 큰 영향을 주는 존재였다. 나는 언제나 겐조 씨를 방문할 생각이었다. 나 자신을 위해 그의 눈에 띄고 싶었다. 그래서 그의 소천 소식은 실로 큰 충격이었다.

    돌아가신 에노모토 목사님에게서 나는 겐조 씨의 시집을 엿보았다. 손도 발도 입도 부자유한 그가 오십음표를 가리키는 어머니의 손가락 끝을 눈으로 따르며, 깜박임으로 뜻을 전달한다는 그 유명한 시를 엿보았다. 그리고 에노모토 목사님은 이렇게 말했다.

"누군가가 겐조 씨를 방문하려고 그 마을에 갔습니다. 그의 집은 어디쯤인지 마을사람에게 물어보니, 그 사람은 친절하게 알려 주었습니다. 감사를 표하고 돌아섰을 때, 그 사람이 불러 세우며 '겐조 씨는 이 마을의 보물입니다'라고 외쳤습니다."

겐조 씨의 소천 소식을 알게 되었을 때, 나는 정말로 이 '보물'을 잃은 고요하고도 적적함을 느꼈다. '보물을 잃어버렸다. 보물을 잃어버렸다'라고 나는 여러 날 동안 마음속으로 되뇌었다.

그리고 생각했다. 그는 정말로 훌륭한 것들을 우리에게 알려 주었다고. 인간이라는 것은 만일 설 수 없다 하더라도, 손을 움직일 수 없다 하더라도, 호흡 외에는 일절 사람의 도움 없이는 의지를 전달할 수 없다 하더라도, "이 마을의 보물입니다"라는 말을 들을 수 있는 존재가 되자는 것을. 즉, 인간 본래의 귀한 삶의 방식을 나는 배우게 되었다.

또한 나는 '전도에 필요한 것이 무엇인지'를 겐조 씨를 통해 배우게 되었다. 유창하게 말하는 입이 없어도, 어디든지 걸어서 갈 수 있는 다리가 없어도, 자신이 펜을 쥘 손조차도 진실로 전도에 필요한 것은 아니었다. 물론 그것들은 중요한 것임에 틀림없다. 그렇지만 그것 이상으로 중요한 것을 우리들은 잊고 있었다.

그것은 자신이 죄인이라는 인식이고, 그 죄를 그리스도의 속죄를 통해 용서 받은 것에 감사하는 것이다. 겐조 씨의 마음에는 그 감사와 기쁨이 넘치고 있었다. 설령 손에 펜을 쥘 수 없더라도, 입으로 한 마디 말도 할 수 없다 하더라도, 어떻게 해서든 이 그리스도의 사랑을 전하는 것을 멈추지 않을 마음이 넘치고 있었다. 그 열심이 돌아가신 어머니의 협력을 통해, 어머니의 소천 이후엔 제수씨의 협력을 통해 계속되었다. 전도에 필요한 것은 겐조 씨처럼 사실은 순수한 그리스도를 향한 신뢰라는 것을 나는 지금에서야 확실히 배우게 되었다. 네 번째 시집은 슬픈 유품이 되었지만, 그러나 우리에게 새롭게 힘을 북돋아 주는 시집이기도 하다. 이 나라 모든 사람이 읽었으면 좋겠고 이를 진심으로 바란다.

# 종달새

이 알을 깨고 나온
작은 새가 자라
이 둥지를 떠나기 전까지
기다려 주세요

밭을 갈아
집을 짓기 전까지
기다려 주세요

# 생명을 받고 있다

스스로는
아무것도 할 수 없는 내가
가족의 상냥함 덕분에
오렌지 주스를 마시고
아이스크림을 먹고
시를 짓고
말씀을 배운다

스스로는
살 수 없는 내가
하나님께
사랑 받고
생명을 받고 있다

## 제비꽃

내 방에서
어떤 노력으로도 나갈 수 없는
겨울을
괴로운 기침을
쫓아내기 위해

제수씨와 조카딸들이
하나님의
은혜가 넘치는
봄의 들판에서
화분에 심어 갖다 준
제비꽃

# 중학생

중학생들이
내 시집을 읽고
이렇게나 많이
편지를 보냈습니다

제수씨가
한 장 한 장
넘기며 읽어 주면
중학생들의
상냥함과 배려가
내 마음에 깊이
전해집니다

주여
중학생들의
이 상냥함과 배려를
자비롭게 성장시켜 주소서

# 시집

피어 향기 나는
달맞이꽃은
길가의 시

울며 싸우는
개구리들의 소리는
깨끗한 시냇가의 시

날며 오가는
반딧불의 빛은
밤하늘의 시

이 시들을
하나하나 모아서
하나님께 올려 드릴
시집을 만들자

# 주님 그 자신도

주의 것이 된 자여
병의 괴로움에 지지 말아라
주님 그 자신도
병의 괴로움을
체험하셨으니

주의 것이 된 자여
세상 슬픔에 지지 말아라
주님 그 자신도
세상 슬픔을
체험하셨으니

주의 것이 된 자여
싸늘한 말에 지지 말아라
주님 그 자신도
차가운 말을
체험하셨으니

# 그렇지 않아

걷는 것은 나 혼자
그렇지 않아
그렇지 않아
나의 약함을 알고 계시는
주 예수가 이미 함께 계셔

괴로워하는 건 나 혼자
그렇지 않아
그렇지 않아
나의 약함을 알고 계시는
주 예수가 이미 함께 계셔

기도하는 건 나 혼자
그렇지 않아
그렇지 않아
나의 바람을 알고 계시는
주 예수가 함께 기도하셔

# 하늘에 계신 우리 아버지

하늘에 계신 우리 아버지라고
소리 내어
부르고 싶다

소리를 내지 않고
부르지 않아도
들어 주신다고
믿고 있어도

역시
하늘에 계신 우리 아버지라고
소리 내어
부르고 싶다

# 저 어린 제비처럼


남쪽 섬을 동경하는
저 어린 제비처럼
아직 본 적 없는 저 하늘의 고향을
동경하여라

바다를 건너려고 날개를 훈련하는
저 어린 제비처럼
그날이 오면 날아오를
준비를 하여라

무리를 좇아 여행을 나선
저 어린 제비처럼
대속하신 주를 올려다보며
따라가라

# 나팔꽃

올해도
나팔꽃이 피었다
그 색은
빨간색도
보라색도
푸른색도 아니다

하나님께
기도를 올려 드리니
그것을 들으시고
아침에 어울리게 주신
순백의 색

# 여치

올해도 여치가
울어댄다

추운 겨울이 온 뒤로
베틀을 짜며
겨울 채비를 하자고
울고 있구나 하고
어머니가 자주 말씀하셨었지

인생에도
겨울이 반드시 오니까
하나님을
뵐 준비를 하지 않으면
주 예수님을
믿지 않으면

# 큰아버지

어머니가 계실 적
정월이 오면
술을 마시며 농담을 건네시며
웃고 계시던 큰아버지

어머니를 입관할 때에
겐조를 빨리
마중가자며 말씀하시며
울고 계셨던 큰아버지

한 달이 다 되도록
아무것도 먹지 않은 채
링거를 맞으며
아픔과 싸우고 계셨던 큰아버지

풀숲에서 우는
벌레들의 소리만 나는
조용하고 깊은 밤에
하늘로 돌아가신 큰아버지

# 만 35년


초등학교에서 들려오는
운동회
환호 소리
가을이 왔다

이질에 걸려
뇌성마비가 된 지
만 35년

입도 손도 발도
자유하지 못한 이런 몸으로
살아온 것은
하나님의
깊고 깊으신 은혜와
가족과 많은 사람의
따뜻한 배려 덕분

# 병

사랑하는 남편을
하늘로 보내고
여자 홀로
길러낸 사랑하는 자식이
초등학교에 입학하여
막 한 주 다녔을 때
신장병으로 입원한 지 반 년

그 깊고 깊은 아픔과 슬픔
하나님을 향한 신앙의 동요가
내 마음에도 전해져 옵니다

간질로 아파하는 아이의
아버지가 외쳤던 것처럼
계속 반복하며 외칩니다
주여 믿습니다
믿지 못하는 나를 구하소서

# 어제도 오늘도

태어날 때부터
귀가 부자유했지만
은행에서 근무하고 있는
교토의 아가씨

가족의 음성도
친구의 음성도
참새의 소리도
아무것도 들리지 않지만
밝게 웃는 얼굴

어제도 오늘도
마음의 귀에
예수님이
사랑을 가지고
말씀을 걸어 주고 계신다

# 신체장애인과 함께

건강한 자를 위해서가 아닌
모든 장애인을 위해
이 세상에 오신
그리스도

지금도 지금도
그리스도는
괴로워하며 힘들어하는
장애인들과 함께
살아 계신다
동행하신다

# 독생자 예수

모든 사람을
죄로부터 구하기 위해
마구간에서 태어나시고
십자가 위에서 죽으셨으며
부활하신
하나님의 아들 예수는
예전에도 지금도
이해 받지 못하고
오해받고 있다

내 마음속에선
정말로
정말로
이해하고 있는가
이해하고 있는가

# 조용한 설날

밤낮 가리지 않고
계속 울어대는
가까운 공장의
기계음도 들리지 않는
조용한 설날

동생 부부는
아침부터 밤까지
계속 일한다

하청업자의 또 하청업자의
수출용인
스테레오 부품의
납땜질

# 신랑 되신 그리스도

누구보다도 누구보다도
고운 그 사랑으로
나를 사랑하시는
신랑 되신 그리스도를
깊이깊이 사랑하여라

어디서라도 어디서라도
빼어나도록 아름다운 그 사랑으로
나를 사랑하시는
신랑 되신 그리스도를
뜨겁게 뜨겁게 사랑하여라

언제까지라도 언제까지라도
변하지 않는 그 사랑으로
나를 사랑하시는
신랑 되신 그리스도를
힘차게 힘차게 사랑하여라

# 확실히 알게 되었습니다

모닥불의 따뜻함을
모닥불에 손을 쬐었던
그때에
확실히 알게 되었습니다

구운 감자의 맛을
구운 감자를 먹어 본
그때에
확실히 알게 되었습니다

그리스도의 사랑을
그리스도를 믿었던
그때에
확실히 알게 되었습니다

# 나도 기도한다

아직 그리스도를 모르고
괴로워하며 힘들어하고 있던 나 때문에
내가 모르는 분이
내가 모르는 곳에서
내가 모르는 때에
하나님께 기도 드리셨다

그래서 나도 기도한다
아직 그리스도를 알지 못하고
괴로워하며 힘들어하는 사람을 위해

# 따뜻한 배려

책장을 넘겨주며
케이크를 먹여 주며
우유를 먹여 주고
약을 먹여 주는
조카딸들
한 명 한 명의
따뜻한 배려에는

나를 걱정해 주시는
어머니의 배려가 있다

# 왼손이 자유롭지 못한 소년

야구는 못하지만
축구도
철봉도
뜀틀도 못한다고 말하는
왼손이 자유롭지 못한 소년이여

인생의 목적 되시는
그리스도의 곁으로
이끌림 받기 위해
하나님이
내려주신
자유롭지 못한 왼손을
소중히 여기어라

# 참 평안

아침부터 작은 새가 울고
풀꽃이 향을 내고 있어도
하나님 곁으로 돌아가기까지
참 평안은 없다

친구와 담소하고
가족에 둘러싸여 있어도
하나님 곁으로 돌아가기까지
참 평안은 없다

우리들 한 사람 한 사람을
당신 자신을 위해 지으신
하나님 곁으로 돌아가 서서
참 평안을 누리자

# 내가 아직 몰랐던 분이

내가 아직 몰랐던 분이
내가 몰랐던 곳에서
내가 몰랐던 때에
나를 위해 기도해 주셔서
하나님 곁으로 돌아갔습니다

내가 아직 몰랐던 분이
내가 몰랐던 눈물을
내가 몰랐던 땀을
나를 위해 흘려주셔서
하나님 곁으로 돌아갔습니다

내가 아직 몰랐던 분이
내가 몰랐던 말을
내가 몰랐던 사랑을
나를 위해 전해 주셔서
하나님 곁으로 돌아갔습니다

# 머윗대

눈이 없는
정월이라고
산책을 나갔다
조카딸들이
햇빛 드는 뜰에서
발견해 온
이제 막
태어난
작고 작은 봄

# 눈

조카딸이 치는
기타소리에 맞추어
눈이 춤추며 내려온다

예수님의
탄생을
기쁘게 축하하며
눈이 춤추며 내려온다
눈이 춤추며 내려온다

# 구원의 길을 열어 주신 주여

구원의 길을 열어 주신 주여
나를 보내 주소서
창조주 되신 하나님을
모르는 사람들 곁으로

구원의 길을 열어 주신 주여
나를 보내 주소서
참된 사랑을 모른 채
싸우는 사람들 곁으로

구원의 길을 열어 주신 주여
나를 보내 주소서
하나님께로 되돌아오는 길을
구하는 사람들 곁으로

# 주여 우리 집에 찾아오소서

주여 우리 집에 찾아오소서
동생 부부가 바쁘게 일하고 있어서
아무것도 준비할 수 없지만

이곳으로 오소서
이 고타츠 이불은
많은 분의 사랑이 담겨 있는 것입니다

이것을 읽어 주소서
이 롤링페이퍼는
많은 분의 바람이 담겨 있는 것입니다

주여 나를 사랑하시고 기도하여 주소서
많은 분에게 은혜와 평안을
넘치도록 내려 주소서

# 숨

신경이 마비되어
숨을 크게 쉬어 보라고 말해도
숨을 크게 불 수 없다
숨을 멈추어 보라고 말해도
숨을 멈출 수 없다
숨을 불어 보라고 말해도
숨을 불 수 없다

하나님의
그 뜻대로
숨을 쉬고
살고 있다

# 피기 시작했다

가랑눈이 내리는 밭에서
버려져 있던
가지치기로 잘라진 매화가지

따뜻하고 따뜻한
내 방에서
곧고 곧은 꽃봉오리가
상냥하게 피기 시작했다

그리스도의 사랑으로
굳고 굳은 마음이
기쁘게 피기 시작했다

# 목사님

바쁘신 목사님이시지만
올해도 잊지 않으시고
3월 2일
사랑을 담은
편지를 보내 주셨다

어머니를 잃은 나를
이 7년 동안
위로하고 붙들어 주신
목사님의 진실과 사랑

# 변하지 않는


나를 돌봐 주시는 분이
어머니에서 제수씨로 바뀐 지도
벌써 7년도 더 되었다
빈틈으로 바람이 들어오는 창문이 새시로 바뀌고
반사식 난로가 온풍 히터로 바뀌고
먹는 취향도
요구르트 같은 것들로 바뀌었어도
언제까지나 변하지 않고
언제까지나 끝이 없는
하나님의 사랑과 긍휼

# 결혼기념일

살구꽃이
피기 시작한 오늘은
열여섯 번째
동생 부부의 결혼기념일
부모님이 돌아가시고
여동생은 시집을

두 조카딸과
나를 돌보아 주는
동생 부부에게
하나님의
축복이 넘치길 기도한다

# 조카딸

고등학교에 합격한
조카딸에게
축하한다고
말하지 못하고
미소만 짓는 나

밝은 목소리로
큰아버지
고마워 라고 말하는 조카딸

나는
마음속으로
하나님
감사합니다

# 일본의 마음(2)

주여 오늘 아침은
빵이 아닌
이웃에서 나누어 준
봄 향기의
쑥떡을 드시옵소서

주여
일본의 마음을
깊이깊이 이해하시고
일본의 마음이
이해하기 쉽게
말씀해 주소서

# 부수고 부수고 부수소서

하나님 안에서 살아 있는 것임에도
자기 홀로 살아 있다고
생각하는 마음을
부수고 부수고 부수소서

하나님께 깊이 사랑 받고 있음에도
함께 살아가는 사람을 진실로
사랑할 수 없는 마음을
부수고 부수고 부수소서

하나님께 죄를 용서 받았음에도
남의 작은 잘못에도
용서하지 못하는 마음을
부수고 부수고 부수소서

# 아침마다

아침마다
청소하기 위해
새시 창문을
열면
새 잎사귀의 향이
산비둘기의 소리가

아침마다
깨끗하게 하기 위해
마음의 문을
열면
그리스도의
음성이
사랑이

# 산다

하나님의
크신 손 안에서
달팽이는
달팽이답게 기며
반딧불 꽃은
반딧불 꽃답게 피고
청개구리는
청개구리답게 우며
하나님의
크신 손 안에서
나는
나답게
산다

# 큰아버지


가랑비에 젖은
은방울꽃이
덜 피었다

은방울꽃처럼
덜 피어 살았던
큰아버지가
75세에 돌아가신
큰아버지의 덜 핀 말씀이
덜 핀 몸짓이
내 마음에
덜 핀 채 덜 핀 채 떠오른다

# 할미새

작은 새 새끼들에게
나는 법
우는 법
벌레 잡는 법
앞으로의 사는 방법을
알려 주고 있는
할미새

고양이를 주의하거라
고양이를 주의하거라
어제 거기서
참새 새끼가
고양이에게 잡혔더구나

# 나팔꽃(2)

하나님께
감사하고
카레라이스를 먹고
시원한 물을 마신

조카딸들이
마시다 남긴 물을 모아
창가의
넝쿨을 뻗은 나팔꽃에게 준다

아침 무렵에 새로운
은혜를 찬양하며
꽃을 피워 주시도록

# 둥근 새 테이블


둥근 새 테이블
저녁을 먹고 나서
조카딸들은
자기 방에서
공부하고
동생 부부는
내일 납품할
스테레오 부품을
납땜한다

둥근 새 테이블에서
주 예수님이
성경을 펼쳐
〈이사야서〉 53장을
읽어 주실 때
내 마음이
뜨거워졌다

# 살구절임

여느 때보다 조금 적게
살구 열매를
제수씨가 따와
설탕절임을 만든다
틈을 발견하면
몇 번씩 손을 봐
살구절임을 만든다

손님에게
주 예수님께
대접해 드리기 위해서

# 멀리 멀리 멀리

아버지 되시는 하나님의 사랑을
멀리 멀리 멀리 잊고
허무하게 살아가는 저 마음에
하나님의 사랑을 사모하는 마음을 일으키소서

아버지 되시는 하나님의 그 뜻을
멀리 멀리 멀리 등지고
외롭게 살아온 저 마음에
하나님의 뜻을 생각하는 마음을 일으키소서

아버지 되시는 하나님의 곁을
멀리 멀리 멀리 떨어져
슬프게 살고 있는 저 마음에
하나님의 곁으로 돌아가고자 하는 마음을 일으키소서

# 해바라기

마당에서
꺾어 온
크고도 큰
해바라기꽃이
작고 작은 일로
트집잡고 있는 내 마음에
말을 건다

하나님의
크고 크신 사랑을

# 눈물

카레라이스를 만들기 위해
양파를 잘게 썰며
눈물 흘리는 조카딸

그 눈물이
슬픔으로
바뀌지 않도록
만약 바뀐다 하더라도
그 슬픔에
지지 않도록
예수님 붙들어 주소서

# 당신을 부르고 계시니

그리스도가 낮에도 밤에도
당신을 부르고 계시니
당신의 마음을 잠잠케 하고
그리스도의 음성을 들으라

그리스도가 사랑을 담아
당신을 부르고 계시니
당신의 마음을 비우고
그리스도의 사랑을 받으라

그리스도가 세밀한 음성으로
당신을 부르고 계시니
당신의 마음을 돌려
그리스도의 곁으로 나아가라

# 폭풍

기와지붕을 넘어
푸른 감을 떨구고
해바라기를 쓰러뜨렸다
폭풍이 부는 밤
하나님의
손에 붙들리어
허물을 벗은
참매미

폭풍이 지나간
아침의 조용함을 깨고
참매미가 운다

# 아침

중학교에 들어간
조카딸이
"다녀오겠습니다"
고등학교에 들어간
조카딸이
"다녀오겠습니다"
납품하러 간
동생 부부가
"다녀오겠습니다"

"다녀오세요
차 조심하시구요"라고
말하지 못하는 나는
하나님께
지켜 달라고 기도한다

# 여치(2)

하나님께
보냄 받은 것처럼
우리 집 창가에 와
울어대던
여치
충분히
하나님의 사랑과 은혜를
노래하고
또 어딘가로
가 버린
여치

# 말할 수 없고 쓸 수 없는

나의
깜박임을 보며
한 자 한 자 받아
시를 쓴다

시 한 편 쓰는 데
10분 20분 30분
제수씨의 사랑과 인내로
하나 둘 셋 시가 태어난다

하나님께
사랑받고
살아가는
기쁨과 감사를
시로 찬양을 올린다

# 버섯

동생이
일하는 사이에
따 온
막 태어난 가을

제수씨가
하나하나 정성 다해
따뜻한 물로 씻은
막 태어난 가을

가족과
하나님께 감사하며
무를 갈아 먹는
막 태어난 가을

# 집 보기


주여 오늘은
동생 부부가
친척 결혼식에 가서
집을 봅니다

주여 오늘은
토요일이어서
조카딸들이
이제 곧 돌아옵니다

주여 오늘은
동생 부부를 대신하여
조카딸들이
저를 돌봐 줍니다

# 여선교사

캐나다에서
아주 멀리서
파송 받아 온
여선교사

신슈信州*를 사랑하고
복음을 계속 전해 온
30년
가을바람에 흔들리는
들국화처럼
그리스도의 향기를
따뜻하게 내며
아름답게 늙어간다

* 지금의 나가노 현으로 일본 혼슈 중앙부에 있다.

# 어머니(2)

어디에선가
낙엽을 쓸어 담는 소리가
들려온다

낙엽을 태우는
연기와 냄새가
떠다니는
이런 아침은
지워도
지워도
결코 지울 수 없는
어머니의 모습
어머니의 눈물
어머니의 기도

# 기모노

납품을 마치고 돌아오는 길에
울 원단을 사 왔습니다

어머니가 꿰매신
옷 치수에 맞추어
기모노를 만들어 주었습니다

제수씨의 상냥함이
천식으로 괴로워하는
내 몸을
따뜻하게 감싸 주었습니다

# 찬 바람

찬 바람 부는 밤
그리스도의 사랑을
모르고
자신의 운명을
슬퍼하는
내가 있다

찬 바람 부는 밤
기침과 경련으로
괴롭고 힘들어하며
부모를 괴롭힌
내가 있다

# 트리

고등학생 형과
그 친구들이
산에서 소나무 가지를
베어 왔습니다

담배를 싸고 있던
은박지로
십자가와 별을
만들어 주었습니다

32년 전
내 머리맡에 장식되어 있던
작은 트리가
잊히지 않습니다

# 별이여 빛나라

교회가 없고
목사가 없고
신자가 없는
눈으로 뒤덮인 마을 하늘에
별이여 빛나라
별이여 빛나라

유대 마을에
태어나실
예수님 곁으로
세 명의 박사를 이끌었던
별이여 빛나라
별이여 빛나라

# 샐비어꽃

찬 바람에 흔들리는
샐비어꽃이여
고맙고
고맙다

9월 10월 11월
3개월이나
눈을 즐겁게 해 주고
마음을 위로하며
하나님의 사랑을
계속 이야기해 준
소슬한 바람에 흔들리는
샐비어꽃
고맙고
고맙다

# 별이여

동방의 세 박사에게
메시아 탄생을 고했던
별이여
우리의 마음에서 빛나
메시아 탄생을 고하여라

먼 유대 마을의
메시아 곁으로 이끌었던
별이여
우리의 마음에서 빛나
메시아 곁으로 이끌어라

저마다의 보물을 올려 드리고
메시아를 기쁘게 경배하였던
별이여
우리 마음에서 빛나
메시아를 기쁘게 경배하여라

# 그 밖의 누구도

그 밖의 누구의 음성도
그 밖의 누구의 음성도
주여
당신의 세밀하고도 세밀한
그 음성을 좇게 하소서

그 밖의 누구의 사랑보다
그 밖의 누구의 사랑보다
주여
당신의 깊고 깊은
그 사랑을 사모하며 구하게 하소서

그 밖의 누구의 품보다
그 밖에 누구의 품보다
주여
당신의 강하고 강한
그 힘에 기대어 의지하게 하소서

# 싸락눈

싸락눈이 조용히 내린다
아무도 보이지 않고
아무도 다니지 않는다
주여 당신과 저뿐입니다
주여 당신의 모습을 바라보게 하소서

싸락눈이 조용히 내린다
아무것도 보이지 않고
아무것도 들리지 않는다
주여 당신과 저뿐입니다
주여 당신의 말씀을 사모하게 하소서

싸락눈이 조용히 내린다
길도 보이지 않고
길도 알 수 없다
주여 당신과 저뿐입니다
주여 당신의 마음을 구하게 하소서

# 기침(2)

기침이 나온다
기침이 나온다
온몸이 땀범벅이 된다
가족의 숙면을
방해하는
기침이 나온다
믿음이 약한 저를
구하소서

# 저 사람을

주님 당신이
십자가에 매달리어
사랑해 주셨던 저 사람을

사랑 없는 저까지도
진심으로
사랑하게 해 주세요

# 크리스마스꽃

작은 화분에
피어 있는 보라색 꽃

그 이름을
조카딸들도
제수씨도 모른다

예수님이 태어나신 날이
가까우니
크리스마스꽃이라 부르자
그 꽃의 꽃말은
진실한 사랑

# 참새


이 겨울 가장
추웠던
아침이지만
몇 마리 참새가
날갯짓하며 내려와
무언가를 쪼고 있다

하나님의
사랑의 손길이
보이는 것 같다

# 햇빛

한겨울 요즘의
햇빛은
부드럽고 기분 좋은
따뜻함이어서

난로를 끄고
미닫이문을 열고
눈을 감는다

얼굴에 손에 몸에 다리에
하나님의
넘치는 사랑이

# 눈

눈이 내린다
아직 멈추지 않았다
피해 지나갈 수 없는
험한 길

눈이 내린다
아직 멈추지 않았다
제수씨가 차를
운전하고 있다

눈이 내린다
아직 멈추지 않았다
회사까지
납품을

눈이 내린다
아직 멈추지 않았다
무사히 돌아오기를
계속 기도하며 기다린다

# 다시 한 번

사랑을 잊으려 하는
내 영혼에게 다시 한 번
십자가 위에서 괴로워하시는
그리스도의 모습을 보게 하소서

곁에서 떨어지려 하는
내 영혼에게 다시 한 번
십자가 위에서 말씀하시는
그리스도의 말씀을 들려주소서

마음을 등지려 하는
내 영혼에게 다시 한 번
십자가 위에서 떨어지는
그리스도의 보혈을 부으소서

# 거룩한 은혜

매일 밥 먹기 전에
천식 한약을 먹으면서
봄을 기다리는 나를 위해

슈퍼 앞에서
제수씨가 발견해 온
작은 화분에 심겨진
거미풀꽃

어머니가 돌아가시면
살아갈 수 없을 거라고 생각했지만
오늘은 여덟 번째
어머니 기일

# 쿠키

눈이 내리는
봄날 밤
조카딸이 구운
쿠키 냄새가
집 안 가득 퍼진다

이가 안 좋은 나에게
부드러운 쿠키를
입에 넣어 주는
조카딸의 상냥함이
내 마음에 퍼진다

# 감싸 안음

눈이 녹았다
창가의 봄까치꽃을
봄볕이
상냥하게 감싸 안는다

마른 나무 같은
내 몸을
그리스도의 사랑이
그리스도의 사랑이
따뜻하게 감싸 안는다

# 어머니의 고독

올해 겨울도
천식 기침으로
괴로워하고 힘들어했지만
새시 창문에서
종다리가 우는
봄이 돌아왔다
양로원에 계신
50여 명의 많은 분이
어머니의 고독
어머니의 고독
사랑과 눈물로
계속 기도해 주셨기에

# 계속 기도합니다

여덟 번째
어머니가 하늘로 불려 가신 날이
가까워진 아침
올해도 속달이 도착했습니다

어머니가 하늘로 불려 가신
같은 해
같은 달에
아버지와 남편이
하늘로 불려 가신
분이 보내 주신 것입니다

아픔을 갖고
어머니와 아이들을 안고
살아가시는
마음을 생각하며
계속 기도합니다

# 여동생 가족

여동생 가족이
봄꽃을 가지고
아버지와 어머니의
산소에 갔습니다

두 조카딸이
4월부터
중학생과
고등학생이 된다는
소식을 전하러 갔습니다

아버지와 어머니도
여동생 가족을
기뻐하시겠죠
하나님께
감사 드리시겠죠

# 선택받을 수 없는 나를

내가 예수 그리스도를
선택한 것이 아닙니다
선택받을 수 없는 나를
예수 그리스도가 예수 그리스도가
선택해 주셨습니다

내가 예수 그리스도를
구원한 것이 아닙니다
구원받을 수 없는 나를
예수 그리스도가 예수 그리스도가
구원하셨습니다

내가 예수 그리스도를
사랑한 것이 아닙니다
사랑받을 수 없는 나를
예수 그리스도가 예수 그리스도가
사랑해 주셨습니다

# 돌아가신 목사님

올해도
살구꽃이 피고
제비가 돌아왔다

6년 전에
만나러 와 주셨던
돌아가신 목사님의
책을 읽을까
테이프를 들을까

주 앞에서
다시 한 번 만날 것을
계속 바라며

# 고운 계절

하늘에는
종다리가 울고
들에는
제비꽃이 피는
곱디고운 계절인데
내 마음에는
주를 찬양하는 시가
어찌하여 나오지 않을까

주여 당신을
더욱 깊이깊이
사랑하게 하소서

# 계속 기도해 주십니다

농가의 사람들이
사과 밭에서
낡은 타이어를 계속 태운다

서리 예보가 난 밤
기침으로 괴로워하는
나를 위해
주님이
계속 기도해 주십니다

# 어머니

동생 가족이
제수씨의 어머니께
마지막 이별을
전하러 갔습니다

우리 집안 사정을
마지막 마지막까지
걱정하며 돌아가셨다고
전해 들었습니다

어머니의 영혼에
하나님의 돌보심과
은혜가 있기를
나는 기도합니다

# 여동생

동생 가족이
이틀 정도 집을 비우게 되어
여동생이 와 주었습니다

어머니께 물려받은
주근깨에
명랑한
여동생입니다

찰떡을 사 와
모란으로 수놓아
하나님을 찬양하는 시를
써 주었습니다

# 쑥

두 주일 전에
어머니를 잃은
제수씨가
이것이 쑥이라고
알려 주었습니다

쑥은
예쁘진 않지만
그저 따뜻함만이
그저 따뜻함만이
슬픈 만큼
느껴졌습니다

# 은방울꽃이 속삭인다

향기가 좋은 가련한 꽃을
만드신 분을 알고 있는
은방울꽃이 속삭인다 속삭인다
만물의 창조주 되신
하나님을 알라고

언제까지고 그 아름다움을
지킬 수 없음을 알고 있는
은방울꽃이 속삭인다 속삭인다
언제까지고 변하지 않는
말씀을 들으라고

빛과 물을 받아들이지 않으면
살 수 없음을 알고 있는
은방울꽃이 속삭인다 속삭인다
모든 생명의 근원되시는
하나님을 경외하라고

# 누군가 노래하지 않겠는가


뇌우가 지나간
새시 창문 유리에
늘어선 빗방울은
악보 같다

누군가 노래하지 않겠는가
누군가 노래하지 않겠는가

제비가 날아가는 하늘에
무지개가 걸렸다
하나님을
기뻐하며 찬양하는 노래를

# 언제 어느 때라도

약속대로 또다시
오실 그리스도를
바라며 기다리는 바라며 기다리는 신앙을
언제 어느 때라도
갖게 하소서

아직 그때가 오지 않았지만
그리스도라는 말씀에
망설이지 않는 망설이지 않는 신앙을
언제 어느 때라도
갖게 하소서

진정한 평화가 오도록
그리스도께 가까워지는 소리를
들을 수 있는 들을 수 있는 신앙을
언제 어느 때라도
갖게 하소서

# 당신을 사랑하기 때문에

당신을 사랑하기 때문에
나를 사랑하기 때문에
아버지 되신 하나님이
독생자를 보내 주셨습니다

당신을 사랑하기 때문에
나를 사랑하기 때문에
독생자 되신 예수님이
생명을 버리셨습니다

당신을 사랑하기 때문에
나를 사랑하기 때문에
진리의 성령이
구원을 알려 주셨습니다

# 아버지의 말씀

16년 전에
하늘에 불려 가신
아버지의 말씀이
아버지의 사랑이

봄에는 살구꽃이
여름에는 살구 열매가
가을에는 감 열매가
겨울에는 남천촉 열매가

# 기침(3)

서리가 내리고
찬 바람이 부는
겨울이 온다

올해 겨울에도
기침이 나오려나
괴롭고 괴로운
기침이 나오려나

주님
올해 겨울도
지켜 주세요

# 악보대로

저기서도
여기서도
벌레들이
노래하고 있다
하나님이
주신
악보대로

우리도
노래하자
우리도
노래하자

# 잠잠하여라

아침 안개에 감싸여
풀도 나무도
조용히 하고 있다

자기 멋대로 인
수다를 멈추고
잠잠하여라

그리하면
주의 음성이
들려올 것이니

# 봄이 되면

봄이 되면
조카딸 하나가
고등학교 3학년이
조카딸 하나가
중학교를 졸업하고
고등학교에 입학

나도 말씀을 깊이 배워
믿음에서 믿음으로
더 나아가고 싶다

# 가을이 올 때마다

집 안의 이불을 그대로 두고
솜을 다시 틀어
새로운
천을 사와
이불을 만들고 싶다고
계속 바라던 어머니가
하늘로 불려 가신 지
아홉 번째 가을

가을이 올 때마다
가을이 올 때마다
가족과 손님을 생각하는
어머니의 따뜻한 바람

# 말씀하세요

울고 있는 건가요
뭔가 슬픈 일이 있는 건가요
저에게
말씀해 주지 않으시겠어요

모든 것을 모든 것을
사랑과 은혜로
이해해 주세요
이해해 주세요
주 예수님께
말씀하세요

# 아름다운 가을(2)

나무의 단풍을 보셨습니까
까치의 소리를 들으셨습니까
아름답고 아름다운 가을을
만드신 아버지 되신 하나님을
기뻐하며 찬양하고 계십니까

빨간 사과를 먹으셨습니까
밤 아람을 따 보셨습니까
아름답고 아름다운 가을을
만드신 아버지 되신 하나님을
기뻐하며 찬양하고 계십니까

주의 이름을 부르셨습니까
주의 사랑에 닿으셨습니까
아름답고 아름다운 가을을
만드신 아버지 되신 하나님을
기뻐하며 찬양하고 계십니까

# 친구여

슬픔에 빠진 친구여
구하라 구하라 구하라
슬픔의 슬픔의 끝이 되어
십자가에 달리신
하나님의 아들 예수 그리스도를

외로움에 고민하는 친구여
믿으라 믿으라 믿으라
외로움의 외로움의 끝이 되어
십자가에 달리신
하나님의 아들 예수 그리스도를

슬픔에 신음하는 친구여
올려다보아라 올려다보아라 올려다보아라
괴로움의 괴로움의 끝이 되어
십자가에 달리신
하나님의 아들 예수 그리스도를

# 그저 그리스도의 대속하심 덕분입니다

내가 택함받은 것도
내가 구원받은 것도
나에게 그 가치가
있기 때문이 아닙니다
그저 그리스도의 대속하심 덕분입니다

내가 살아 있는 것도
내가 사랑받고 있는 것도
나에게 그 가치가
있기 때문이 아닙니다
그저 그리스도의 대속하심 덕분입니다

내가 그의 이름을 부르는 것도
내가 그의 가르침을 듣는 것도
나에게 그 가치가
있기 때문이 아닙니다
그저 그리스도의 중보 덕분입니다

# 주님 견디게 해 주세요

끝없이 계속해서 내리는 눈을
아픈 침대에서 바라볼 때에도
주님 견디게 해 주세요
주님 견디게 해 주세요

북풍이 창문 유리를 두들기고
혼자 눈물짓는 밤에도
주님 견디게 해 주세요
주님 견디게 해 주세요

은혜의 빛이 넘쳐
나뭇가지에 싹이 피는 봄을 생각하며
주님 견디게 해 주세요
주님 견디게 해 주세요

# 평화

사는 나라도
말하는 언어도
생각하는 것도
서로서로 다른
몇 십 억의 사람들이
아버지 되신 하나님의
곁에 설 수 있도록
아침마다 기도하며
저녁마다 기도한다

# 누운 나도

예배에 갈 수 없는
나를 위해
어머니가 사다 주신
테이프리코더를 새로 다시 사와
예배 테이프를
하나 들으면

누운 나도
누운 나도
마구간에서
태어나신
하나님의 아들을 예배하는
목동들 중 하나

# 눈사람

고등학교 2학년인 조카딸이
첫눈으로 만든
접시에 만들어 온
작은 눈사람이
따뜻한 방에서
금방 녹아 버렸다

고등학교 2학년 조카딸의
티 없이 맑은 상냥함
티 없이 맑은 상냥함이
내 마음을
눈과 놀았던
아주 먼 옛날로
데려가 주었다

# 고향

첫눈이 내린
고향의 야산을
떠올리며

고향에서
멀리 떨어져 사는
형과 동생에게
사과를 보냈다

영혼의 고향인
하나님의
곁으로 돌아갈 수 있도록
기도하면서

# 거미

누운 창가에서
오늘 봤어

눈이 내리고 갠 하늘에서
부드러운 햇빛이 들더니
하나님이
살리신
작은 거미의
아련한 움직임을

# 오늘도 살려 주시는


들으라 들으라
직박구리의 소리를
바라보라 바라보라
눈이 내리고 난 뒤의 하늘을
따뜻해져라 따뜻해져라
부드러운 곳에서

감사하라
감사하라
우리들을 오늘도
살려 주시는
하나님께

# 손수 만든 꽃병

크리스마스선물로
손수 만든 꽃병에
무엇을 꽂을까
눈이 내리고
바람이 차가운
정원에서
아직 싹이 트지 않은
살구가지를
꺾어다 꽂아 둘까

봄이 태어나는 것을
봄이 자라나는 것을
봄이 조금씩 트는 것을
보고 싶으니까

# 기도로

기도로
기도로
주신 마음 그 마음에
진심으로 대답하라

기도로
기도로
주신 그 은혜를
사랑을 담아 나누어라

기도로
기도로
주신 그 말씀을
기도하며 전하라

기도로
기도로
주신 그 찬양을
목소리 모아 찬양하라

# 내가 태어나기 전부터

내가 태어나기 전부터
나를 알고 나를 사랑하신
독생자 예수를 세상에 보내신
아버지 되신 하나님을 높여 찬양하라

내가 괴롭기 전부터
나를 알고 나를 사랑하신
독생자 예수를 원수에게 넘기신
아버지 되신 하나님을 높여 찬양하라

내가 믿기 전부터
나를 알고 나를 사랑하신
독생자 예수를 죽음에서 이기게 하신
아버지 되신 하나님을 높여 찬양하라

# 단가

1981
옆으로 누워 있는 창가에 종달새 지저귀는 봄이 왔어도,
기침이 멈추지 않아 기침약을 먹었다
화분의 제비꽃과 함께 주의 사랑을 전하시는
목사님의 말씀 테이프를 들었다
아버지가 심은 철쭉이 핀 쾌청한 봄날,
아버지의 사촌과 숙모가 찾아왔다
34년 만에 찾아 온 아버지의 사촌도 주님을 믿는데
계속해서 자기가 기억나냐며 물어 보지만,
말을 못하는 나는 그저 고개만 끄덕였다
구원하신 주의 마음을 알지 못하는 제수씨가 꽃피운
삼색의 제비꽃
중학생이 된 조카딸이 기타를 배우기 시작했다
〈고요한 밤 거룩한 밤〉
아픈 아들을 44년 동안 시중든 어머니는
다정하고 늙어서 작아졌고
누워 있는 나에게 꽃을 가져온 교회학교 어린이들이 먹는 앵두
남동생의 바지에서 떨어진 불개미야 내 팔을 물지 말고 어서 가라

손수 만든 벽걸이를 가져 온,

날 때부터 듣지 못하는 자매가 찾아왔다

서늘한 바람에 달맞이꽃이 피면

퇴근하고 낚시에 갔던 아버지를 추억한다

내 시가를 책으로 내 준 목사님의 사랑을 생각하며

여름 하늘을 올려다보았다

어째서인지 꽃봉오리가 열리지 않는 나팔꽃에,

여름방학 중인 조카딸이 물을 준다

나팔꽃을 바라보며 풍경소리를 듣고, 병상의 나도 여름을 즐긴다

조카딸들이 시집갈 때에는 제수씨가 주겠다고 한다 내 시집을

밤늦게까지 조카딸도 돕는다 내일 아침 납품할 스테레오 부품

몇 번이고 고맙다고 소리 내어 말하고 싶다고 생각하는

오늘도 저물어 간다

샐비어가 피기 시작한 여름방학,

조카 부부 둘이서만 처음으로 찾아왔다

장애아 시설에서 일하는 신혼인 두 사람이 물었다 내 장애에 대해

태풍이 지나간 하늘에 바다를 넘어갈 날개를 단련하는

어린 제비로다

베를 짠다고 여치가 울기 시작했으니 하나님 아버지 뵐 준비를 하자

나팔꽃이 순백의 꽃 피우니 나는 구하노라 순백의 마음

나날이 받는 하나님 은혜를 꽃등에와 나눠 가지고

피우는 코스모스

말씀을 맛보고 있으면 생각지 못한 사람에게서 가을의 붉은 장미
깊은 밤까지 전기부품 납땜을 하는 제수씨는 생일
이 봄에 첫 남자 손자가 태어난다고 기뻐하는 사촌은
백발이 늘었고
술을 마시고 농담을 하며 웃겨 주셨던 큰아버지,
고통스러워하며 암으로 돌아가셨다
하늘로 돌아간 애주가 큰아버지를 추억하며,
사촌은 술을 마시면서 울었다
용담화는 피고 병든 나는 기도한다
너무 바빠 초조해하는 남동생을 위해
주변에서 오늘도 도착하는 햅쌀에
우리들을 기르는 하나님을 우러러본다
따뜻한 화로 곁에서 가녀린 귀뚜라미 소리를 들으며
목사님의 병을 생각한다
어머니 가시고 6년 만에 선인장을 선물로 보낸 어머니의 사촌 가족
속달로 거절했지만 그분 뜻에 반한 것은 아닌지 매일 고민한다
제수씨가 편지를 여니 병상에 굴러 떨어지는 도토리 두 개
새 스웨터를 입은 조카딸들에게
어머니의 모습이 있는 것 같아 당황스럽다
그 사람은 왜 그리스도로부터 멀어졌을까 하고
하염없이 생각하는 초겨울의 밤

1982

찌르레기가 남겨 둔 감나무 열매를 다 먹고 나니
눈이 내리기 시작한다
오른쪽 다리의 통증과 괴로운 기침에
오늘 밤도 주의 이름을 외치며 견디어 낸다
방문할 수 없어서 사진을 보내 주신 목사님 내외를
새해 첫 꿈에서 뵈었다
장애인 딸을 둔 어머니가 사랑을 담아
나에게 조끼를 꿰매어 주셨다
눈 내리지 않는 정월이어서 동생과 조카딸이 챙겨 온
황록색의 미나리
계속 지어내는 찬양의 노래를
누누이 그만둘까 하고 생각해 보았지만
내 시집을 울면서 읽고 기록해 주던 제수씨와 편지를 읽는다
가랑눈이 내리는 창가에서 제수씨가 손이 빨개지도록
나의 기모노를 말리고 있다
스키복을 사 온 조카딸에게 동생이 골절상을 당했던
먼 옛날의 이야기를 풀어 놓는다
눈 온 뒤 아주 맑게 갠 하늘을 보며 그리스도가 재림하실 날이
이런 아침일까 생각해 본다
병든 아이를 안고 사는 과부가 속달로 보낸
생일축하카드가 도착하였다

쓸모없는 가지를 쳐내고 매화나무가지를 치니 그 향이 전해 온다
빌린 돈을 갚으러 간 제수씨가 받아 온 삼색제비꽃 화분
독감 때문에 열이 나도 납품 기한 때문에 동생은 쉬지도 못하고
수선화에 가랑눈이 내리는 아침 경운기의 시운전 엔진 소리
하루라도 빨리 기도하라는 목사님의 가르침을 생각하며
모든 것을 주께 맡긴다
눈이 녹을 때 봄까치꽃이 핀 길가를 합격했다며 돌아오는 조카딸
축하해 라고 말할 수 없는 나에게
고등학교 수험에 합격한 조카딸이 축하한다고 말한다
고등학생이 될 조카딸에게 좋은 친구를 좋은 선생님을 진리의 길을
풀과 나무에게 은혜의 비가 내린다
이 밤, 기와가 비에 젖는 소리가 들린다
동생 부부 기념일에 나를 위해 사 온 화분의 하얀 꽃
저녁 하늘에는 종다리의 지저귐과 동생이 사온 전기바리캉 소리
아기 제비가 부모 제비를 부르는 것처럼 아무것도 할 수 없는
나도 주를 부른다
소심하게 살아온 숙모를 그리워하며 이슬에 젖은 은방울꽃을 본다
산들바람이 현관을 열면 그리스도처럼
눈부시게 아름다운 석양빛이 비춘다
어머니가 돌아가신 지 어느새 7년,
아직도 어머니의 이름으로 편지가 오는, 장미가 핀 아침
장마가 시작되고 찾아온 추위에 어머니의 조끼를 입고

읽게 된 잡지《십자가의 말씀》
보내 주신 책을 겨우 다 읽으니
어디선가 흘러 들어온 실잠자리가 보인다
아무렇지도 않게 죽고 싶다고 하는 말들이
내 마음을 무겁게 울린다
작은 일에 트집을 잡는 나에게 해바라기가 크신 하나님의 사랑을
기와지붕으로 덜 익은 푸른 감을 떨어트린 태풍이 지나간 아침에
참매미가 운다
뇌성마비인 나의 손발을 귀성한 형이 데려온 개가 핥는다
나중에 낚시하러 가고 싶은 치쿠마 강을 형이 찍은 비디오로 본다
태풍의 비바람이 거센 밤에 평안하게 우는 귀뚜라미의 울음소리
요세마키 가운데 도중에 갑자기 실명된 누군가의 글을
몇 번이고 반복하여 읽는다
동생이 가지 좀 쳐 볼까 하고 말한 그 감나무에
작은 새 몇 마리가 와 울고 있다
재림의 그리스도를 생각하며 희미해져 가는 저녁 하늘을
옥상 너머로 본다
세탁물을 걷던 조카딸을 지켜보는 사마귀는
낫을 치켜들었다 떨어트린다
때까치가 우는 아침 창가에서 제수씨가 버리는 나의 치석
감나무 잎사귀가 춤추고 서늘해진 해 질 녘에
이웃에서도 들려오는 괴로운 기침소리

아름다운 가을에 둘러싸여 《십자가의 말씀》을 읽고 배우며
오늘도 산다
나의 시가 실려 있지는 않지만 단가란을 한 수씩 음미하며 읽는다
추운 바람이 부는 밤, 걱정되어 쓰는 나의 편지에 상처 받지 않을까
주 앞에서 고민한다


1983
샐비어 꽃잎이 지는 오후,
수초를 좋아하시던 의사 선생님의 부고를 들었다
보라색 작은 꽃을 피웠지만 그 이름을 조카딸도 제수씨도 모른다
천식으로 괴로워하는 나를 위해 눈물로 기도한다며
양로원에서 소식이 도착했다
부모님의 마지막을 봐 주셨던 의사 선생님
천식 기침으로 괴로워하는 나도 돌보신다
기침을 멈추는 쓴 약을 제수씨가 짜준 과즙과 함께 마신다
여러 장의 연하장과 예배 테이프가 도착한 새해 첫 날 아침
겨울의 추위로 말라 버린 정원에 참새가,
눈에는 보이지 않는 하나님 사랑이 훨훨 내려앉고
은혜로운 겨울 모습에 따뜻함이 고목 같은 손에도 발에도
여덟 번째 어머니 기일이 가까워지니 동생의 머리숱이 적어진다
얇게 깔린 눈이 수선화 위로 내리는 어느 밤

조카딸이 구운 쿠키를 먹는다
공평하게 꽃봉오리를 달고 정원 앞 작은 풀밭에 살구 가지를
도산한 회사 때문에 조카딸들에게
히나 인형을 장식해 주지 못한 채
뇌성마비인 몸이지만 감사하는 마음은 여전하다 봄바람이 참 좋다
예배를 꼭 지키라는 기사를 장애인인 내가 슬피 읽는다
내일 아침 일찍 나가려는 동생네는 바닥에,
나는 기침이 멈추지 않는다
조카딸들이 수학여행을 가는 날 아침, 살구꽃에 비가 내린다
내 방 창문에는 올해도 돌아가는 제비가 보이고,
천식 약 소포가 도착했다
조카딸들도 교복을 입고 어머니인 제수씨에게
마지막 인사를 전한다
우유를 먹여 주던 동생은 어머니가 물려주신 주근깨투성이
동생아, 두려워 말고 암이 될지도 모르니
준비를 지금 당장 미리 해 두어라
10일 전에 어머니를 잃은 제수씨는 조용히 살아가는 붓꽃을
서리 예보가 난 저녁 즈음 떠오르는 겟세마네에서의 주의 기도를
이웃에서 조카딸이 빌려 온 정성스럽게 꽃봉오리를 맺은 화분
자폐증인 딸아이를 둔 어머니도 돌아가시고
어머니처럼 자궁암에 걸렸다고 이야기한다
동생들이 나가고 없는 현관에서 죽순에게 붙인 이름을

알리지 않고 돌아가는 사람이 있다
진주 같은 빗방울과 나무에 걸린 뇌우가 지나간 오후
학을 많이 접기도 전에 조카딸들을 사랑해 주는 노인이 돌아가셨다
그리스도를 알려 주신 목사님의 사랑을 그리워하는 오늘은
목사님의 4주기
옆으로 누운 창문을 마구 두들기는 뇌우가 지나가고
둥지를 떠나는 제비가 벌레를 잡는다
옆으로 누운 창문에 저녁노을 구름이 흘러가면 조용히 묵상한다
재림의 주님을
난치병 때문에 자살한 소녀의 이야기를 장애인인 나는 슬피 들을 뿐
옆으로 누운 창문으로 보기 힘들어진 반딧불이가
세상의 빛 되신 주님을 생각나게 한다
늦더위가 심한 저녁 동생이 머리카락을 깎고 목욕을 한다
늦더위가 기승을 부리는 밤에 밝게 물들이는,
옆으로 누운 창문에 아득하게 흔들리는 샐비어꽃
정전된 어느 밤 양초의 불을 바라보며 가족들이 각자 이야기한다
죽은 누이의 긴 기도가 들려오고 세례를 받은 100세의 아버지
원산지도 이름도 알 수 없는 꽃에도 하나님의 능력을 전하는
보라색 향기
화분에 심은 패랭이꽃을 가까이 두게 되어 즐거운 근시안인 나
높게 우는 때까치가 지나간 감나무 가지에 하얀 반달이 걸린다
옆으로 누운 창문으로 보이는 나무의 잎사귀가 떨어질 때

나는 기도한다 하나는 들리고 하나는 안 들린다
살아난 달리아꽃과 함께 온 개미가 마비된 내 손 위를 걷는다
때까치의 소리, 성경주해서, 가을에 핀 달리아에 그리워진
아버지의 기일
제수씨가 스시를 만들고 조카딸들에게
친절하게 아버지의 기일을 설명한다
살아 있다 살 수 있게 되었다
이가 아프고 손발이 가렵고 기침 때문에 괴롭다
아버지가 돌아가신 지 16년, 몸져누운 나는
많은 사랑으로 살고 있다
성장한 조카딸들의 친절함을 모르고 돌아가신 아버지와 어머니
문을 닫은 방으로 흘러들어 온 낙엽 태우는 냄새,
어제 저녁 목사님의 부고 소식일까
전도여행 가신 곳에서 그림엽서를 가끔씩 보내 주셨던 목사님도
돌아가셨다
목사님의 부고 소식에 내 마음 놀라 이미 먹은 약을
또 먹어 버리고 말았다
샐비어를 꺾어 둔 창가에 우리를 위해 구근을 심던 제수씨가
앓아눕는다
가르침을 듣기 위해 어머니가 사 주신 테이프리코더를
새로 사온 것으로 바꿔 듣는다
감사의 마음을 갖고 살고 싶다

때까치가 울 때 어느 봄날을 추억한다
몸져누운 방에 만추의 등을 달기 전에, 제복을 갈아입기 전에
조카딸들이 왔다
후쿠오카에서 찾아오셨던 목사님, 제수씨의 채소 절임을 먹으며
맛있다고 말씀하신다
사랑을 담아 성경을 읽으시는 목사님의 얼굴,
텔레비전에서 노래를 부르는 가수랑 닮은 것 같다
첫눈으로 조카딸이 만들어 준 작은 눈사람을 보며
나중에 나도 눈 놀이를 하고 싶다고 속으로 생각했다
첫눈이 녹은 정원에 큰 백합 구근을 심는다
첫눈이 내린 고향을 떠올리라며 형과 누이에게 사과를 보낸다
부드러운 겨울 햇살이 비추는, 옆으로 누운 창문의 작은 거미가
아슬아슬하게 움직인다
초겨울 바람이 멈춘 오후, 날아오르는 마른 잎사귀 같은 나비가
16년 전에 돌아가신 아버지를 이끌어 주길 바라는
목사님이 보내 온 크리스마스카드
자유롭지 못한 손으로 힘껏 쓰신 크리스마스카드를
몇 번이나 읽는다
예배 테이프를 들으면 몸져누운 나도
독생자를 경배하는 목동 중 하나

# 맺음말

– 에노모토 카즈코

눈이 내리던 2월 6일 아침, 미즈노 겐조 씨가 소천하셨다. 결국 나은 것 없는 47년 고난의 생애였지만, 겐조 씨의 시에서는 푸념이나 원한의 말을 하나도 찾을 수 없었다. "내가 고난을 받는 것도 하나님 의 사랑을 알기 위해서라 생각하고 하나님의 일하심을 찬양합니다" 라고 말하는 그 맑고 큰 눈은 주의 평안으로 넘치는 것 같다고 생각 했다.

초등학생 때, 뇌성마비에 걸려 손과 발의 자유를 빼앗기고, 입 으로도 말할 수 없으며, 다다미 6칸 정도의 자신의 세계에서 살며 버 텨온 그의 시가에 자연 풍경을 읊은 것이 많다는 사실에 나는 놀랐 다. 자연은 제2의 성경이라고도 말하지만, 그는 아름다운 들꽃에서 하나님 사랑의 시선을 발견하고, 작은 벌레나 새의 삶에서도 하나님 의 역사하심을 생각한 사람이다. 또 겐조 씨 집에서는 불치병자 가족이 있는 집에서 보통 일어나는 갖가지 비극을 볼 수 없었다. 어머니의 소천 후에 형제들 일가는 그에게 정성스럽게 도움을 주었으니까 말이다. "그저 있어 주는 것만으로도 좋습니다"라고 말하는 제수 아키코 씨의 말은 내 마음을 두드렸다. 그의 시집 3권이 이미 모두 세상에 나왔지만, 이번에 20여 년 동안 겐조 씨의 신앙의 스승이 되어 주신 다카하시 사부로 목사님의 노력으로 그의 유고집 《저 천국을 향하여》가 출판되었다. 정말 기쁜 일이다. 진심으로 감사드린다. 부디 이 책이 독자를 위로하고 격려할 수 있길 기도한다.

1984년 3월

# 마지막으로

지금은 하늘에 있을 에노모토 목사님이 첫 번째 시집을 도와주신 것이 1975년이었다. 에노모토 목사님이 소천하신 이후에도 아슐람센터는 1978년에 2집, 1981년에 3집, 그리고 이번 4집 출판을 위해서도 큰 도움을 주었다. 영적으로 맑은 서적이 더욱 더 많이 읽힐 필요가 있는 이 시대에 이 시집들을 출간하게 하신 하나님을 찬양하고 더불어 아슐람센터가 그 도움을 준 것에 영광과 감사를 드린다. 이번 출간을 계기로 더욱 많은 사람이 이 네 권 모두 읽기를 기도한다.

또한 이번에도 다카하시 목사님의 협력으로 이 시집이 나왔다. 노트에서 원고지로 깨끗하게 다시 써 주시고, 구성하는 일뿐 아니라 제작소와 교섭해 주시며, 이 외에도 이끄시는 사랑을 모두 부어 주셨다. 특히 겐조 씨의 편지를 소개하며 나왔던 해설은 겐조 씨의 말과 스승의 가르침에 대하여 얼마나 정직하게 나타나 있는지, 이것이야말로 성장이고 심화된 신앙의 비결이 아닐까 생각하며 깊은 감동을 받았다.

미우라 아야코 선생은 건강이 좋지 않은 상태였음에도 진심을 담아 머리말을 써 주셨다. 또 제작에 있어서는 신교출판사의 여러분이 협력해 주셨다. 이 모든 분에게 진심으로 감사를 드린다.

1984년 4월 2일

# 편집후기
《미즈노 겐조 정선시집》을 간행하며

- 모리시타 타츠에

미즈노 겐조 씨의 시는 눈 깜박임으로 한 자씩 지시된 말을 먼저 종이에 필기하고, 그 뒤 어머니 우메지 씨나 제수 아키코 씨를 통해 노트로 옮겨 적어 만들어졌다.

현재 사카키 영광교회에 소장되어 있는 노트는 전부 25권인데, "원장 No.1"이라고 쓰인 상자에 1967년부터 1973년, "원장 No.2" 상자에는 1975년부터 1984년까지 13권이 들어있다. "원장 No.1" 노트는 주로 우메지 씨(1975년 3월 2일 소천)의 필적이, "원장 No.2"에는 주로 아키코 씨의 필적이 쓰여 있다.

"원장 No.2" 대부분의 작품이 시집에 실려 있지만, 초기의 작품 중에 시집에 실려 있는 것은 노트에 기록된 것들의 2할 정도뿐이라고 생각한다. "원장 No.1" 12권의 노트는 모두 제1집의 원본이고, "원장 No.2"의 1~6이 제2집, 7~9가 제3집, 10~13이 제4집의 원본이 되었다.

겐조 씨는 문자나 행을 바꿀 때 적극적으로 자신의 의사를 표시한 것 같지만, 보통의 시인처럼 세세한 표현은 하기 어려웠다. 다카하시 목사님이 시를 선정할 때도 그랬지만, 특히 시집 편집 때 행의 변화나 문장 표기, 그리고 경우에 따라 제목도 고쳤고(노트에는 그런 경우가 많이 보였다), 그 뒤에는 겐조 씨 자신이 인쇄본을 보지도 않고 책으로 만들어졌다.

네 권의 시집과 노트를 나란히 보면, 제1집과 제2집까지 작업된 시 속에 타카하시 목사님이 행을 바꾼 혹은 생략하고 있는 것이 분명 있었다. 제2집의 후반 이후 제3, 4집에서 타카하시 목사님도 줄 바꿈을 생략하지 않고 노트 그대로 해 주셨는데, 이번에 편집을 하며, 줄 바꿈을 노트에 가까운 상태로 돌려놓았다. 또한 원래 노트로 시를 연대 배열할 때 문제가 된 몇 작품을 비교적 어울리는 자리로 옮겨 두었다.

나는 2005년에 사카키를 방문하여 연구를 했다. 연구라고 해도 그 중심은 써 내려간 시를 자신의 손으로 노트에 적는 것이다. 컴퓨터는 물론 복사도 안 되어 볼펜으로 한 자씩 써 내려 가면서, 우메지 씨의 따뜻한 숨결을, 아키코 씨의 상냥한 마음을, 편집을 위해 빨간색 표시를 넣은 다카하시 목사님의 사랑의 시선을 느끼며, 이 깊은 겐조 씨의 맑은 음성을 듣는 그 시간은 너무나 기쁜 시간이었다.

미즈노 테츠오와 아키코 씨, 노트의 연구를 허락해 주신 아카마츠 목사님과 미조구치 목사님의 사모님, 나카노 목사님, 사카키 영광교회 여러분, 언제나 숙소로 신세지는 다카하시 씨, 이 일을 맡아 주신 에노모토 목사님께 감사드린다.

2013년 3월

눈 깜박이 시인 미즈노 겐조의 행복한 아픔

# 감사는 밥이다

초판 1쇄 발행 2014년 10월 15일
초판 6쇄 발행 2024년 7월 15일

지은이 미즈노 겐조
옮긴이 박소금

펴낸이 한정숙
펴낸곳 선한청지기
등록 제313-2003-000358호
주소 서울특별시 마포구 동교로 12길 41-13(서교동)
전화 (02)322-2434 (대표)
팩스 (02)322-2083

편집 홍순원, 한수정
영업 김종헌
디자인 블루
기독교 총판 생명의 말씀사

ⓒ 미즈노 겐조, 2014
ISBN 979-11-953030-2-1 03230